KONZENTRATIONS-TRAINING

Sabine Klöhn-Tuttas

BUCH UND ZEIT

BZ

Buch und Zeit Verlagsgesellschaft mbH · Köln

Redaktion: Ingrid Rother
Umschlaggestaltung: Inga Koch

Printed in Germany
ISBN 3-8166-0273-8

Inhalt

Erfolgsrezept Konzentration

Erfolgreich zu sein wünscht sich jeder von uns, doch manchmal ist es gar nicht so einfach festzustellen, was den Erfolg wirklich ausmacht. Fragt man jedoch diejenigen, die Erfolg haben, nach ihren Erfolgsrezepten, wird man folgendes Motto besonders häufig hören: Erfolg haben heißt, sich jederzeit genau konzentrieren zu können. Bedenkt man die Hektik unseres Alltags und die ständige Reizüberflutung, der wir oft ausgesetzt sind, gewinnt das Thema Konzentration immer mehr an Bedeutung.

Dabei ist Konzentration leicht trainierbar. Dieser Ratgeber hilft Ihnen dabei, Sie mit den grundlegenden Voraussetzungen für eine gute Konzentration vertraut zu machen und Ursachen für Konzentrationsstörungen zu erkennen und zu beseitigen. Zahlreiche Übungen geben Ihnen die Möglichkeit, Ihre Konzentrationsfähigkeit durch gezieltes Training zu steigern.

Für diese Übungen benötigen Sie keinerlei Hilfsmittel außer einem Bleistift und manchmal einem Blatt Papier. Sie können sie daher jederzeit und überall durchführen. Tragen Sie das Buch in den nächsten Wochen stets bei sich und überbrücken Sie damit Wartezeiten oder Fahrten zur Arbeitsstelle auf sinnvolle Weise. Sie finden außerdem viele Tips, wie Sie die Übungen eigenständig weiterentwickeln, ändern oder mit beliebigen anderen Texten durchführen können. Wichtig ist, daß Sie täglich trainieren. Nehmen Sie sich regelmäßig 10 bis 20 Minuten Zeit dafür.

Denken Sie daran, daß diese Zeit nicht verloren ist. Das Training Ihrer Konzentration wird sich schon bald in jeder Lebenssituation, vor allem aber im Berufsalltag, positiv auswirken. Sie werden weniger Fehler machen, sorgfältiger und zielgerichteter arbeiten und somit Ihre Leistungsfähigkeit erhöhen. Dadurch werden Sie am Ende sogar Zeit sparen, die Sie für andere Dinge nutzen können. Die Übungen sind dabei so angeordnet, daß sie ermöglichen, eben Gelerntes praktisch anzuwenden. Innerhalb der Kapitel gibt es jedoch auch immer wieder allgemein gehaltene Übungen, die Ihre Konzentration langfristig trainieren sollen.

1. Was ist Konzentration?

Konzentration

Grundwissen

Was ist das eigentlich für eine Fähigkeit, die man so oft vermißt, wenn man arbeitet oder lernt und dabei nicht so recht vorwärtskommt? Was zeichnet Konzentration aus, welche Fähigkeiten und Gefühle stehen mit ihr im Zusammenhang, welche Voraussetzungen sind wichtig?
Das ursprünglich aus dem Französischen stammende Wort Konzentration bedeutet die Fähigkeit, eine klar umrissene *Aufgabe* oder Tätigkeit in einer gewissen Zeit *sorgfältig* und *zügig auszuführen*, eine Fähigkeit, die gerade im Berufsleben gefragt ist und in Eignungs- und Einstellungstests häufig geprüft wird.
Konzentration bedeutet ebenso, sich nicht ablenken zu lassen. Sie dürfen nur die vor Ihnen liegende Arbeit im Auge haben, alle anderen Gedanken lenken Sie von der eigentlichen Aufgabe ab und mindern Ihre Konzentration. Der Umgang mit den vielfältigen Störungen, die uns daran hindern, wirklich voll konzentriert zu arbeiten, muß gelernt sein, denn Konzentration kann man nicht einfach erzwingen. Abschweifende Gedanken durch Zwang in den Griff zu bekommen und die Aufmerksamkeit mit Gewalt auf eine Sache zu richten, wird Ihnen nur schwer gelingen. Sie müssen Mittel und Wege finden, sich freiwillig und mühelos auf eine Sache zu konzentrieren, nur dann werden Sie wirklich erfolgreich sein.

Merke

Entspannung ist daher ein wichtiger Ausgangspunkt für konzentriertes Arbeiten. Entspannen, Abschalten und Sammeln der Gedanken auf die vor Ihnen liegende Aufgabe, diese drei Punkte bieten die beste Voraussetzung für eine gute Konzentration. Ein paar Entspannungsübungen am Morgen oder auch in den Arbeitspausen werden Ihnen dabei helfen, sich zu konzentrieren.

Leistungssteigerung durch Konzentration

Grundwissen

Konzentration hat mit Denken, mit Gedanken zu tun. Die Fähigkeit, sich zu konzentrieren, ist sicherlich eine der wichtigsten Voraussetzungen für ein gutes Gedächtnis. Ein besseres Gedächtnis wiederum erleichtert es Ihnen, Neues zu lernen und zu behalten, Ihr Wissen zu erweitern und sich im Berufsalltag zu bewähren.

Merke

Konzentration wirkt sich positiv auf Ihre Leistungsfähigkeit aus. Die Gewohnheit, sich zu konzentrieren, jede Arbeit, auch alltäglichen Kleinkram, konzentriert zu erledigen, wird Ihnen im Beruf wie im Privatleben nutzen. Konzentration verhindert, daß durch Zerstreutheit und fehlende Aufmerksamkeit Energien verschwendet werden, und sie vermindert den Abbau geistiger Fähigkeiten. Sie werden sich weniger verzetteln und ablenken lassen, wodurch Sie Ihre Fehlerzahl reduzieren und Unfälle vermeiden, die oft nur auf mangelnde Aufmerksamkeit zurückzuführen sind. So wird nicht nur Ihr Handeln effektiver, sondern die Arbeit selbst wird ein Mittel zur ständigen Verbesserung Ihrer Konzentrationsfähigkeit.

Entscheiden Sie sich in Zukunft, Informationen bewußt aufzunehmen. Je gezielter Ihr Gedächtnis Informationen gespeichert hat, desto mehr Neues können Sie daraus schaffen. Davon profitieren Ihre Kreativität und Ihre Fähigkeit, bislang unbekannte Wege zu gehen und neue Lösungen zu finden. Haben Sie entschieden, welche Informationen und Wahrnehmungen für Sie wichtig sind, dann richten Sie Ihr ganzes Bewußtsein und alle Ihre Sinne darauf. Diese Aufmerksamkeit erhöht Ihre Konzentration, und Sie werden bald feststellen, wie Sie auf diese Weise mehr und besser lernen und behalten.

Beachte

Mit einer verbesserten Konzentrationsfähigkeit können Sie
- Ihre Aufnahmefähigkeit beim Lernen erhöhen;
- Ihre Denkleistung fördern;
- Ihre Willenskraft steigern, denn Willen ist das Bemühen, sich auf ein bestimmtes Ziel zu konzentrieren, und der Versuch, dieses mit allen vorhandenen Mitteln zu erreichen;
- das Gefühl der Anstrengung vermindern und dadurch die Leistungsfähigkeit erhöhen;
- Ihre Leistung steigern, weniger Fehler machen und dadurch Zeit einsparen.

Konzentration: eine angeborene Fähigkeit

Grundwissen

Grundsätzlich ist Konzentration eine natürliche Anlage, die jeder mit in die Wiege gelegt bekommen hat. Kleine Kinder beherrschen sie noch ganz selbstverständlich, wenn sie, in ihr Spiel vertieft, alles andere um sich herum vergessen. Dieses völlige Versunkensein in eine Sache wird zunehmend schwerer, je älter man wird. Zu viele Dinge stürmen auf den Erwachsenen ein, wollen bedacht und erledigt sein.

Um die natürliche Fähigkeit zur Konzentration zu erhalten,

und richtig einzusetzen, muß man sie fördern und gezielt trainieren. Dieses Training kann bereits im Kindesalter beginnen. Versuche zeigen, daß schon ein paar Denksportaufgaben zu Beginn eines Schultages die Kinder konzentrierter arbeiten und motivierter lernen lassen.
Wie ein Muskel, der für körperliche Höchstleistungen trainiert wird, muß unsere Konzentrationsfähigkeit trainiert werden, wenn wir geistige Höchstleistungen vollbringen wollen.
Durch die Fülle der Reize, denen wir heute ausgesetzt sind, durch die tägliche Flut an Nachrichten und Informationen, wird es aber für die meisten Menschen immer schwieriger, sich auf nur eine Sache zu konzentrieren. Sie fühlen sich überfordert, sind nicht mehr in der Lage abzuschalten, geraten unter Streß. Gerade weil der Alltag die Konzentration immer mehr erschwert, ist es nötig, diese Fähigkeit zu aktivieren und weiterzuentwickeln.

Übungen

Diese ersten Übungen werden Ihnen zeigen, wie stark Ihre Fähigkeit, sich für einige Zeit ausschließlich auf eine Sache zu konzentrieren, bereits ausgeprägt ist.

1. Entspannen Sie sich und schließen Sie die Augen. Vor Ihren Augen entsteht jetzt eine große, dunkle Fläche. Betrachten Sie diese Fläche, sie sollte fleckenlos sein. Schieben Sie alle Gedanken beiseite.
Am Anfang wird es Ihnen nur wenige Sekunden gelingen, die Fläche völlig freizuhalten, immer wieder werden helle Flecken, Wellenlinien oder Farbpunkte erscheinen. Versuchen Sie, diese wieder auszublenden, und bleiben Sie konzentriert bei der dunklen Fläche. Wenn Ihnen diese Übung eine Minute gelingt, ist das eine gute Leistung für den Anfang. Ihr Ziel sollte es aber sein, die Übung fünf Minuten durchzuhalten.

2. Betrachten Sie am Abend einmal aufmerksam den Sternenhimmel. Wählen Sie eines der Sternbilder aus und prägen Sie es sich ein. Schließen Sie nach einer gewissen Zeit die Augen und lassen Sie das Sternbild auf der dunklen Fläche erscheinen. Nach einiger Zeit öffnen Sie die Augen wieder und prüfen, wieweit Ihre Abbildung sich mit dem wirklichen Sternbild deckt.

3. Gehen Sie einmal in einem Gemälde spazieren. Wählen Sie im Museum, zu Hause oder am Arbeitsplatz ein Bild aus, in das Sie sich hineinversetzen. Gehen Sie mit Ihren Augen und Gedanken darin herum, nehmen Sie jedes Detail wahr, die Landschaft, die Menschen darin, den Himmel

usw. Versuchen Sie, sich als Teil des Bildes zu fühlen. So schulen Sie nicht nur die Konzentration, sondern Sie können sich auch entspannen, indem Sie Ihre Umgebung und Ihren Alltag völlig ausschalten.

4. Verfolgen Sie in dem abgebildeten Labyrinth den Weg vom Start bis zum Ziel nur mit den Augen.

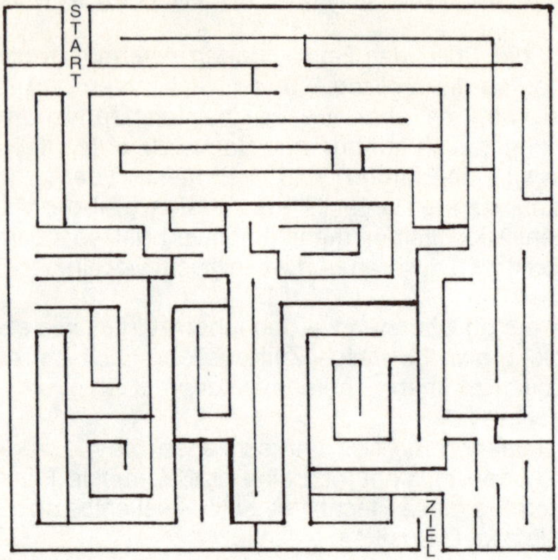

Konzentration als Lebensform

Beachte

Wenn Sie Ihre Konzentrationsfähigkeit dauerhaft steigern wollen, ist es sinnvoll, sie nicht nur kurzfristig durch gezielte Übungen zu verbessern, sondern Ihre Lebensführung entsprechend auf dieses Ziel auszurichten.
Niemand verlangt deshalb von Ihnen, Ihren gesamten Tagesablauf in höchster Konzentration zu absolvieren. Das wäre gar nicht möglich, da intensive Konzentration im gleichen Maße Pausen und Entspannung erfordert. Aber versuchen Sie doch einmal, sich auch bei den alltäglichsten Verrichtungen voll auf diese eine Tätigkeit zu konzentrieren. Wenn Sie den ganzen Tag über alles bewußt tun, werden sich Ihre Gedanken auf diesen Rhythmus einstellen. Nach einiger Zeit sind Sie bei allen Dingen automatisch mehr bei der Sache. Auch bei Kleinigkeiten kann ein konzentriertes Vorgehen Fehler vermeiden und somit Zeit sparen helfen.
Schulen Sie Ihr Denken, damit es konzentrierter arbeiten kann. Versuchen Sie, Ihre Gedanken längere Zeit bei einem Problem, einer Sache oder einem Vorgang zu belas-

sen. Bemühen Sie sich auf diese Weise, zu sinnvollen Lösungen zu kommen, Antworten zu finden und sich schneller eine Meinung zu bilden. Schulen Sie Ihre Fähigkeit, Sachen im Kopf durchzuspielen, ehe Sie handeln. Das wird Ihnen helfen, Ihr gesamtes Leben, Alltag und Freizeit, konzentrierter zu gestalten. Ist Ihre Vorstellungskraft trainiert, werden Sie mit gleichartigen oder ähnlichen Situationen in der Realität viel besser fertig. Da Sie alle Möglichkeiten bereits einmal in Gedanken durchgegangen sind, können Sie schneller die richtigen Lösungen finden und geeignete Maßnahmen treffen. Beginnen Sie auch dabei ruhig mit kleinen, ganz alltäglichen Dingen. Konzentration wird auf diese Weise bald Ihren gesamten Tagesablauf prägen.

Übungen

5. Malen Sie sich einmal in allen Einzelheiten aus, wie Ihr morgendlicher Besuch im Badezimmer abläuft, wie Sie Ihr Frühstück bereiten oder wie Sie Ihren Kaffee kochen.

6. Stellen Sie sich den kommenden Tag vor und spielen Sie in Gedanken seinen vermutlichen Ablauf durch.

7. Denken Sie sich eine bestimmte berufliche Aufgabe und gehen Sie deren möglicher Entwicklung schrittweise nach. Diese Art der Vorstellung können Sie auch an anderen Dingen erproben: Verfolgen Sie in Gedanken z. B. die Entwicklung einer Blume von der Aussaat bis zur Blüte. Stellen Sie sich vor, wie Ihr nächster Urlaub aussehen könnte. Versuchen Sie, gedanklich den Produktionsablauf bei der Entstehung bestimmter Güter, z. B. eines Autos, nachzuvollziehen.

8. Das folgende Quadrat beinhaltet alle Zahlen von 1 bis 30. Suchen Sie die Zahlen in der richtigen Reihenfolge nur mit den Augen so schnell wie möglich. Wenn Sie bei 30 angelangt sind, gehen Sie wieder zurück zu 1.

Aufmerksamkeit

Grundwissen

Aufmerksamkeit allein ist eher schwankend, sie wendet sich mal diesem, mal jenem zu. Um sie auf eine Sache zu richten und dort auch ruhen zu lassen, ist Konzentration nötig.

Beachte

Sobald Sie mehrere Dinge auf einmal tun, wovon mindestens eines Ihre erhöhte Aufmerksamkeit erfordern würde, leidet die Qualität Ihrer Arbeit. Sie sind nicht ganz bei der Sache, sind nicht völlig konzentriert, daher werden Ihnen viel mehr Fehler unterlaufen.

Beispiel

Ein Autofahrer ist z. B. im normalen Straßenverkehr durchaus in der Lage, neben dem Autofahren Radio zu hören. Lenken und Schalten sind automatisiert. Sobald aber der Verkehr dichter wird, Gefahrensituationen auftreten, muß er alle Gedanken und alle seine Sinne auf den Verkehr richten, damit kein Unfall passiert. Unaufmerksamkeit ist eine der häufigsten Unfallursachen, nicht nur im Straßenverkehr.
Die Fähigkeit, im entscheidenden Moment alle Sinne auf die aktuelle Situation bzw. das zu bewältigende Problem zu lenken und an nichts anderes zu denken, ist ausschlaggebend, um Fehler zu vermeiden .

Übungen

9. Gehen Sie in Gedanken Wege, die Sie oft zurücklegen, z. B. Ihren morgendlichen Weg zur Arbeit. Machen Sie sich dazu Notizen und vergleichen Sie diese dann mit den wirklichen Verhältnissen.

10. Finden Sie die Fehler! Diese Übung besteht aus Blöcken von zweimal vier Buchstaben. Eigentlich sollen die vier Buchstaben oben den vier Buchstaben unten gleichen, doch hat sich in jede Gruppe ein Fehler eingeschlichen. Versuchen Sie, die insgesamt 8 Fehler so schnell wie möglich zu finden und zu unterstreichen.

ABZY	EGJO	ZSOX	SVER
ADZY	EKJO	ZSQX	SVFR
UMNT	LAFU	EFXW	GHÖW
ÜMNT	LAHU	ERXW	GHOW

11. Bei dieser Übung sollen Sie leichte Rechenaufgaben lösen. Aber Achtung! Die Rechenzeichen haben eine andere Bedeutung:

+	bedeutet	teilen
-	bedeutet	malnehmen
:	bedeutet	abziehen
x	bedeutet	hinzuzählen

9 + 3 =	5 x 4 =	10 : 3 =
7 - 5 =	21 + 7 =	32 x 9 =
3 : 2 =	9 - 9 =	49 + 7 =
6 x 9 =	84 : 6 =	10 - 8 =
4 - 8 =	72 + 8 =	55 : 5 =

12. Die folgenden Zeichnungen zeigen einen Würfel in sechs verschiedenen Lagen. Finden Sie heraus, welche Zahl jeweils auf der Rückseite stehen muß.

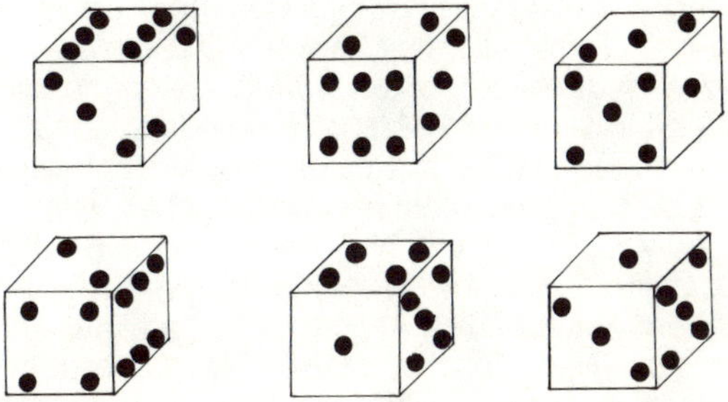

Gedächtnis

„Nur wer sich konzentriert, wer beobachtet, der beherrscht sein Gedächtnis wirklich." Samuel Johnson

Grundwissen

Gedächtnis und Konzentration gehören eng zusammen. Ein schlechtes Gedächtnis zu haben, sich aber gut konzentrieren zu können ist ebenso unwahrscheinlich wie der umgekehrte Fall, mangelnde Konzentrationsfähigkeit, aber ein gutes Gedächtnis.
Ein schlechtes Gedächtnis beruht oft darauf, daß Informationen nicht erinnerbar sind. Ob aber Informationen abgerufen werden können, hängt entscheidend davon ab, wie intensiv sie gespeichert wurden. Daher ist eine der wichtigsten Voraussetzungen für ein gutes Gedächtnis die Fähigkeit, sich zu konzentrieren, die Umwelt und alle von ihr ausgehenden Eindrücke bewußt aufzunehmen.

Merke

Genauso wie Sie Ihre Fähigkeit zur Konzentration steigern können, ist es möglich, die Gedächtnisleistungen zu verbessern. Die Ausrede „Ich habe ein schlechtes Gedächtnis" ist ebensowenig schlüssig wie die Aussage „Ich kann mich nicht konzentrieren". Beides kann man trainieren. Die Kapazität unseres Gedächtnisses ist längst nicht ausgelastet, geistige Aktivität und Übung können seine Leistungsfähigkeit dauerhaft erhöhen. Anders als bei Maschinen nutzt sich das menschliche Gehirn durch ständigen Gebrauch nicht ab. Im Gegenteil: Intelligenz und Gedächtnis bleiben nur in Schwung, wenn sie gefordert werden.
Ein kurzer Überblick über die Funktionsweise des Gedächtnisses wird Ihnen verdeutlichen, auf welche Weise Sie durch Training eine bessere Ausnutzung erzielen können.

Die erste Stufe: das Ultrakurzzeitgedächtnis

Grundwissen

Alles, was wir als Information speichern, haben wir zuerst über unsere Sinnesorgane wahrgenommen. Diese empfangen ständig Reize aus der Umwelt und leiten sie an das „Ultrakurzzeitgedächtnis" weiter, wo alle ankommenden Informationen für nur etwa 10 bis 20 Sekunden hängen bleiben. Diese Zeit reicht aus, um darüber zu entscheiden, was in das „Kurzzeitgedächtnis" weitergegeben wird.

Beispiel

Das Ultrakurzzeitgedächtnis hilft Ihnen, wenn Sie kurzfristig auf bestimmte Signale reagieren müssen. Sie fahren z. B. mit dem Auto auf eine Ampel zu, die auf Rot schaltet. Sie halten an. Die Tatsache, daß die Ampel in dem Moment rot wurde, als Sie bei ihr ankamen, ist für die Zukunft nicht mehr wichtig, Sie können diese Information sofort vergessen, nachdem Sie richtig gehandelt haben. Die generelle Information – Ampel rot bedeutet anhalten – ist dagegen in Ihrem Langzeitgedächtnis auf Dauer gespeichert.

Beachte

Alles, was nur für den Moment benötigt wird oder für uns keine Bedeutung hat, verschwindet also nach kürzester Zeit wieder aus unserem Bewußtsein. Nur die Informationen, auf die wir unsere Aufmerksamkeit lenken, die wir aus bestimmten Gründen behalten wollen oder müssen, bleiben haften und wandern ins Kurzzeitgedächtnis.

Die zweite Stufe: das Kurzzeitgedächtnis

Grundwissen

Im Kurzzeitgedächtnis findet sich dann alles das, was im ersten Auswahlverfahren nicht aussortiert wurde. Auch von diesen Informationen benötigen wir einige nur, um bestimmte zeitlich begrenzte Aufgaben zu lösen. Diese behalten wir daher lediglich so lange im Gedächtnis, wie wir sie wirklich brauchen, d. h. bis die damit verbundene Tätigkeit abgeschlossen ist. Danach werden solche Informationen nicht weitergeleitet, sondern gelöscht. Unser Kurzzeitgedächtnis bestimmt, wie schnell wir Informationen verarbeiten, d. h. wie schnell wir etwas erkennen und entsprechend darauf reagieren und wie lange diese Informationen in unserem Bewußtsein bleiben.

Beispiel

Ein gutes Beispiel für die Funktion des Kurzzeitgedächtnisses ist das Lesen. Sie nehmen dabei Wort für Wort einen Text auf. Damit Sie ihn begreifen können, muß aus dem einfachen Nebeneinander eine logische Verbindung entstehen. Mit Hilfe des Kurzzeitgedächtnisses können Sie sich bei jedem Wort auch an das vorhergehende erinnern und so den Text überhaupt erst verstehen. Ähnlich ist es bei einem Gespräch: Ohne *logische Verknüpfung* könnten Sie den Sinn des Gesagten nicht erfassen, würden nur einzelne Worte hören.

Merke

Konzentrations- und Gedächtnisübungen trainieren vor allem das Kurzzeitgedächtnis als Zentrale für unsere Denkvorgänge. Solche Übungen verlängern die Zeitspanne, in der Informationen greifbar sind, und bewirken, daß Sie schneller wahrnehmen, zügiger denken, lernen und lesen können. Denn gerade in diesen Fällen muß Ihr Kurzzeitgedächtnis die wichtige Arbeit leisten, Sinninhalte lange genug bereitzuhalten, um sie in den richtigen Zusammenhang zu stellen. Damit Informationen letztendlich fest und dauerhaft gespeichert werden und bei Bedarf auch wieder abrufbar sind, müssen Sie alle Ihre Wahrnehmungen und Informationen festigen. Das kann durch bestimmte Gedächtnistechniken, durch Wiederholen, Vertiefen und Erweitern oder auch durch Auswendiglernen geschehen. Dieses *Informationsmanagement* findet ebenfalls im Kurzzeitgedächtnis statt und leitet den Übergang ins Langzeitgedächtnis ein.

Die dritte Stufe: das Langzeitgedächtnis

Grundwissen

Im Langzeitgedächtnis werden nur noch die Informationen gespeichert, die auf vielfältige Art und Weise gelernt oder verarbeitet wurden. Es ist das Wissen, das für uns besonders wichtig ist und auf unterschiedliche Weise mit bestimmten bereits vorhandenen Informationen verknüpft werden kann.

Diese Verknüpfung mit bereits gespeichertem Wissen ist ausschlaggebend dafür, wie leicht oder schwer Daten später abrufbar sind. Je mehr Wissen wir haben, je mehr Stichwörter und Assoziationen im Langzeitgedächtnis gespeichert sind, desto leichter können wir neue Informationen damit verbinden und langfristig verankern. Je vielfältiger diese Verbindungen sind, desto leichter finden wir Gespeichertes wieder, da ein Stichwort sofort Assoziationen auslöst.

Merke

Nicht mangelnde Aufnahmefähigkeit ist also schuld, wenn wir über ein schlechtes Gedächtnis klagen, sondern die Tatsache, daß wir verfügbare Informationen nicht ausreichend verarbeitet oder unzulängliche Lernprozesse angewendet haben. Eine *schlechte Verarbeitung* der Wahrnehmungen führt zu einer *unvollständigen Speicherung*. Es ist uns nicht gelungen, unser Gedächtnis optimal zu nutzen. Grundsätzlich ist die Aufnahmekapazität unseres Langzeitgedächtnisses unbeschränkt. Doch haben Untersuchungen ergeben, daß nicht mehr als etwa sieben Informationen gleichzeitig die Kanäle ins Langzeitgedächtnis passieren können. Eine Zahlenreihe wie 8–6–4–9–3–7 können Sie bestimmt noch mühelos wiedergeben, doch wird die Aufgabe sofort sehr viel schwieriger, wenn es mehr als sieben Zahlen sind. Diese Begrenzung der momentanen Aufnahmefähigkeit kann man mit bestimmten Techniken umgehen, z. B. mit der Methode, Einzelinformationen zu sinnvollen Blöcken zusammenzufassen.
Auch dieser Prozeß der Ordnung von Informationen kann trainiert werden, um das Gedächtnis zu verbessern. Einige der folgenden Übungen helfen dabei.

Übungen

13. Ordnen Sie die folgenden Begriffe nach inhaltlichen Gesichtspunkten. Jeweils vier Wörter bilden einen Block. Diesem Block geben Sie bitte einen Oberbegriff.

Sack – Software – Zeitschrift – Farbe – Eimer – Bildschirm – Atelier – Diskette – Reklameprospekt – Pinsel – Festplatte – Korb – Zeitung – Staffelei – Tasche – Katalog

14. Mit welchen Zahlen lassen sich die folgenden Zahlenreihen jeweils logisch fortsetzen? Machen Sie sich die Gesetzmäßigkeit klar, die dahintersteht, und schreiben Sie dann jeweils die beiden nächsten Zahlen auf.

2, 6, 10
65, 58, 51
10, 13, 19, 28, 40
42, 33, 25, 18
3, 6, 4, 8, 6

15. Bitte suchen Sie die Begriffe, die doppelt vorkommen.
Bademeister – Kissenbezug – Unterarm – Knopfloch – Stecknadel – Milchkaffee – Unterrock – Rechtsanwalt – Tortenplatte – Höhepunkt – Dosenöffner – Gerichtsdiener

– Dampfbad – Ärmelschoner – Heuhaufen – Aktenzeichen – Untertasse – Tischplatte – Landgericht – Korkenzieher – Modeatelier – Ellbogen – Badewanne – Nähmaschine – Unterrock – Aktenzeichen – Korkenzieher – Stecknadel – Kissenbezug – Kaffeekanne – Bäckermeister – Untertasse – Dosenmilch – Kuchenteller – Nadelkissen – Tortenplatte

Erinnern und Vergessen

Grundwissen

Grundsätzlich geht im Langzeitgedächtnis Gespeichertes nicht mehr verloren. Doch die Qualität der Abrufbarkeit verändert sich, wenn Kenntnisse, z. B. eine in der Schule erlernte Fremdsprache, über Jahre hinweg nicht aktiviert wurden. Dieses Wissen verschwindet aber nicht, sondern ist lediglich von anderen Dingen überlagert. Es kann mit einiger Übung schnell wieder abrufbar gemacht werden. Ein gutes Mittel, um scheinbar Vergessenes wieder hervorzuholen, ist es, uns das Umfeld bewußt zu machen, in dem wir die Information erhalten haben. Unser Gedächtnis speichert alle Daten zusammen mit den äußeren Umständen, in denen wir sie erworben haben. Daher sollten Sie immer versuchen, sich an die Situation zu erinnern, in der Sie die gesuchte Information bekommen haben.

Beispiel

Bestimmt ist Ihnen auch schon folgendes passiert: Sie stehen auf und gehen in ein anderes Zimmer, um dort etwas zu holen oder zu erledigen. Unterwegs finden Sie ein paar Dinge, die Sie gleich aufräumen. Als Sie endlich dort sind, wo Sie hinwollten, haben Sie das ursprüngliche Vorhaben bereits völlig vergessen. Versuchen Sie, sich genau daran zu erinnern, was Sie zum Aufstehen bewogen hat, was Sie vorher getan haben, und gehen Sie denselben Weg zurück. Spätestens am Ausgangsort wird Ihnen einfallen, was Sie eigentlich tun wollten. Dieselbe Methode hilft, wenn Sie etwas nicht mehr finden. Versuchen Sie, sich an die Situation zu erinnern, in der Sie z. B. Ihren Schlüsselbund zuletzt benötigt oder gesehen haben. Dann fällt Ihnen mit großer Wahrscheinlichkeit auch wieder ein, wohin Sie ihn gelegt haben.

Einfacher können wir uns natürlich die Dinge merken, die wir häufig gebrauchen. Arbeitsabläufe oder Fakten, die wir im Berufsalltag täglich anwenden oder benötigen, sind immer und kurzfristig abrufbar. Um jedoch Neues wirklich fest im Gedächtnis zu verankern, sind regelmäßiges Wiederholen und/oder häufige praktische Anwendung besonders wichtig.

Lernen und Wiederholen

Beachte

Wenn Sie sich ein neues Wissensgebiet aneignen wollen, ist sowohl das richtige Lernen wie das richtige Wiederholen wichtig. Informationen, die wir nicht regelmäßig abfragen, gehen bald verloren.
Vergessenskurve:

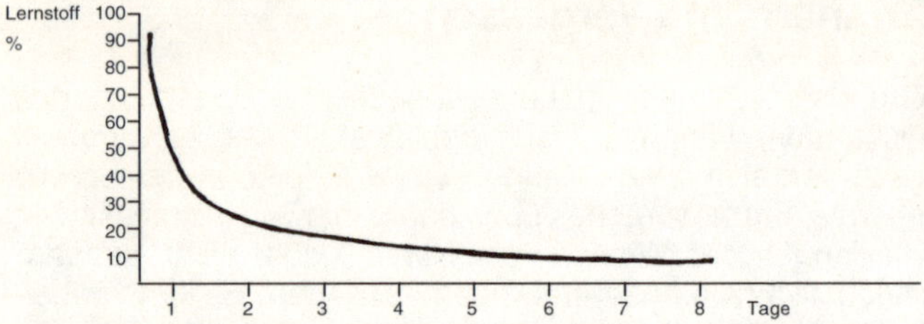

Grundwissen

Die Vergessenskurve zeigt, daß man kurz nach dem Lernen am meisten vergißt, dagegen bleibt das, was am dritten Tag noch im Gedächtnis ist, mit großer Wahrscheinlichkeit länger gespeichert. Deshalb müssen Sie den neuen Stoff am Anfang häufiger wiederholen, danach können die Abstände größer werden.
Wie Sie lernen und wiederholen müssen, ist auch von der Art des zu lernenden Stoffes abhängig. Rein mechanisches Auswendiglernen, wie es z. B. bei Vokabeln nötig ist, erfordert mehr Aufmerksamkeit und Anstrengung als das Erarbeiten eines sinnvoll zusammenhängenden Textes. Dabei werden zwei unterschiedliche Formen Ihres Gedächtnisses angesprochen. Das logische Gedächtnis ist gefordert, wenn der Lernstoff durch Sinnzusammenhänge zu erschließen ist. Wenn Sie sich lediglich Einzelheiten einprägen müssen, die unabhängig voneinander bestehen, arbeiten Sie mehr mit dem mechanischen Gedächtnis.

Beachte

Das reine Auswendiglernen hat zwei große Nachteile:
- Alle Informationen werden in einer gewissen Reihenfolge gelernt und sind unabhängig von dieser Reihenfolge nur schwer abrufbar. Ein gutes Beispiel ist das Alphabet: Sie haben es von A bis Z gelernt, und es bedarf allerhöchster Konzentration, es umgekehrt von Z bis A aufzusagen.
- Informationen, die nur auswendig gelernt und nicht zusätzlich angereichert wurden, werden besonders schnell vergessen, da sie nicht tief genug in unserem Gedächtnis verankert sind.

Merke

Wenn Sie aber einmal reine Fakten lernen müssen, können Sie sich das erleichtern, indem Sie die folgenden Regeln beachten:

- Teilen Sie das Material in kleinere Blöcke auf.
- Lernen Sie nicht zu lange, d. h. hören Sie auf, wenn Sie das, was Sie lernen wollten, frei aus dem Gedächtnis wiedergeben können. Es hat z. B. keinen Sinn, eine Vokabel, deren Bedeutung Sie nach vier Sekunden kennen, zehn Sekunden oder länger vor sich herzusagen.
- Wiederholen Sie den Stoff zum erstenmal nach etwa einer Stunde, dann noch einmal nach sechs bis acht Stunden. Gehen Sie z. B. am Abend noch einmal durch, was Sie am Morgen gelernt haben. Die nächste Wiederholung planen Sie für den folgenden Tag ein, dann vergrößern Sie die Abstände zwischen den Wiederholungen nach und nach (z. B. nach vier Tagen, nach vier Wochen, nach zwei bis drei Monaten). So wird das Wissen bestimmt dauerhaft gespeichert. Mit jeder Wiederholung sinkt der Zeitaufwand gegenüber dem ersten Lernen. Wenn es weniger um das Lernen reiner Fakten geht, sondern Sie sich den Inhalt eines langen Textes zu einem bestimmten Thema merken müssen, sollten Sie die Wiederholungen in etwas größeren Zeitabständen vornehmen, z. B. zum erstenmal am folgenden Tag, dann nach einer Woche, einem halben Jahr usw.
- Versuchen Sie, die Informationen nicht nur über einen Wahrnehmungskanal aufzunehmen. Sprechen Sie sich z. B. Dinge laut vor, die Sie lernen wollen. Oder schreiben Sie sich Gehörtes zusätzlich auf.
- Ändern Sie bei der Wiederholung die Reihenfolge, die Form oder auch die Situation, in der Sie sich abhören. (Tragen Sie Ihr Wissen anderen vor, fragen Sie sich selbst einmal schriftlich ab, halten Sie vor dem Spiegel einen Vortrag über das Gelernte o. ä.)
- Besonders effektiv kann es sein, den Lernstoff vor dem Schlafengehen noch einmal zu wiederholen. Das trifft allerdings in erster Linie für das mechanische Lernen zu. Das Gedächtnis kann diese Informationen während der Nacht in Ruhe speichern, da es in dieser Zeit keinen anderen Reizen ausgesetzt ist.

Übungen

16. Müssen Sie sich bestimmte Wortreihen merken, so versuchen Sie, einen Satz zu bilden, wo jeder Anfangsbuchstabe den Hinweis auf eines der einzuprägenden Wörter gibt. Beispiel: die längsten deutschen Flüsse:
Rhein – **E**lbe – **D**onau – **W**eser – **M**ain – **N**eckar – **H**avel
Lösung: **R**ainer **e**rntete **d**ie **W**eintrauben **m**it **n**euer **H**ose
Jetzt versuchen Sie es. Finden Sie einen Satz, der die Anfangsbuchstaben der Namen dieser deutschen Bundeskanzler beinhaltet:
Adenauer, **E**rhard, **K**iesinger, **B**randt, **S**chmidt, **K**ohl

oder die Namen der neun Planeten, die die Sonne umkreisen:
Pluto, **N**eptun, **U**ranus, **S**aturn, **J**upiter, **M**ars, **E**rde, **V**enus, **M**erkur

17. Die einzelnen Wörter im nachfolgenden Text sind rückwärts geschrieben. Versuchen Sie, ihn so schnell wie möglich zu lesen.

Se raw lamnie nie semra, semmorf Nehcdäm, sad etbel tim renies Rettum niella, dnu eis nettah sthcin rhem uz nesse. Ad gnig sad Dnik suanih ni ned Dlaw, dnu se etengegeb mhi enie etla Uarf. Eid etßuw nenies Remmaj nohcs dnu etknehcs mhi nie Nehcfpöt. Uz med etllos se negas: Nehcfpöt, ehcok! os ethcok se netug, neßüs lerbesriH. Nnew se etgas: Nehcfpöt, hest ! os etröh se redeiw fua uz nehcok. Sad NehcdäM ethcarb ned Fpot renies Rettum mieh, dnu nun neraw eis rerhi Tumra dnu serhi Sregnuh gidel dnu neßa neßüs lerb, os tfo eis netllow. Fua enie Tiez raw sad Nehcdäm negnagegsua. Ad hcarps eid Rettum: "Nehcfpöt, ehcok !" Ad ethcok se, dnu eis tßi hcis ttas. Nun lliw eis, ßad sad Nehcfpöt redeiw neröhfua llos, reba eis ßiew sad Trow thcin. Osla thcok se trof, dnu red lerb tgiets rebü ned Dnar suanih dnu thcok uzremmi.(Redürb Mmirg: Red eßüs lerb)

18. Setzen Sie in den folgenden Reihen die entsprechenden Zeichen unter die Buchstaben. Pro Zeile sollten Sie nicht länger als 1 Minute brauchen.

Z	Y	X	W	V	U	T	S
+	O	*	=		—	<	x

Z U T W S Y U Z W T U X Z

W Y V U X S Z W T X Z V S

19. Finden Sie mindestens zehn zusammengesetzte Wörter, die mit Telefon... beginnen. Versuchen Sie, diese Aufgabe in möglichst kurzer Zeit zu lösen.

Geistige Aktivität

Grundwissen

Die wichtigste Voraussetzung für ein gut funktionierendes Gedächtnis, das durchaus bis ins hohe Alter bewahrt werden kann, ist dauernde geistige Aktivität. Wer sein Denkorgan dagegen wenig fordert, der muß damit rechnen, daß es abbaut und folglich schlechter arbeitet. Neueste wissenschaftliche Untersuchungen belegen, daß viele unserer Geistesleistungen ein Leben lang beeinflußbar bleiben und daß ein planmäßiger Einsatz unserer geistigen Fähigkeiten die Leistung um das Zehnfache steigern kann. Dabei ist die Steigerungsmöglichkeit beim einzelnen natürlich abhängig von der bisherigen Ausnutzung seiner Geisteskräfte.

Der Alltag fordert uns oft nur sehr einseitig, und viele Tätigkeiten erlahmen zu reiner Routine. Auch wenn Sie eine Menge tun und aktiv sind, erledigen Sie vieles doch nur wie im Schlaf. Sie sind eigentlich unterfordert, Ihr Gehirn braucht sich nicht mehr anzustrengen. Schon nach etwa fünf Tagen mangelnder geistiger Tätigkeit beginnen, nach Aussage von Wissenschaftlern, Intelligenz und Konzentrationsfähigkeit abzubauen. Ein Beruf, der geistig nicht fordert, eine erzwungene geistige Ruhestellung z. B. bei schwerer Krankheit, Mangel an Interessen und sinnvollen Aufgaben oder auch die ständige passive Berieselung durch abendliches Fernsehen mindern Ihre geistigen Fähigkeiten.

Merke

Schon zehn Minuten tägliches Gehirntraining reichen aus, Ihren Geist wieder in Schwung zu bringen. Besonders sinnvoll ist das sogenannte *Gehirnjogging* am Morgen. Danach sind Sie besser in der Lage, Ihre Alltagsaufgaben zu meistern oder sich neuen Anforderungen zu stellen.

Visualisieren

Grundwissen

Eine Methode zur Verbesserung der Gedächtnisleistung ist das Visualisieren oder das bewußte Bebildern von Daten und Fakten, die wir uns merken wollen. Dabei wird die Erkenntnis genutzt, daß der Mensch Bilder besser behalten kann als Wörter. Grundlage dieser Technik ist also das Herbeiführen von *Assoziationen*, d.h. die bewußte Verbindung von gegenständlichen oder abstrakten Inhalten mit bestimmten Bildern.

Da Bilder häufig gefühlsmäßige Eindrücke hervorrufen, werden sie auch besser gespeichert. Sicherlich haben Sie schon einmal bemerkt, daß zum Beispiel eine bestimmte Musik in Ihnen Erinnerungen weckt, angenehme oder unangenehme Erlebnisse wiederbelebt. Diese natürliche Gabe macht sich die Assoziationstechnik zunutze. Sie schult Ihre Fähigkeit, in jeder Situation, zu jedem Geschehen, jedem Wort, jeder Sache bewußte Assoziationen herbeizuführen. Dadurch sind Sie in der Lage, ein Vielfaches aufzunehmen und dieses auch länger zu behalten.

Beispiel

Wenn Sie sich z. B. die Begriffe Blumentopf und Hammer merken wollen, stellen Sie eine bildhafte Verbindung zwischen diesen beiden Wörtern her, die möglichst einprägsam ist. Sie kann komisch, ungewöhnlich oder auch ganz realistisch sein. Z. B.: Heute zerschlage ich meinen Blumentopf mit dem Hammer. Schließen Sie dann die Augen und lassen Sie das Bild ganz deutlich erscheinen. Wenn Sie nun das nächste Mal das Wort Blumentopf hören, erscheint vor Ihrem geistigen Auge die von Ihnen gefundene Assoziation, und das Wort Hammer fällt Ihnen sofort dazu ein.

Namensgedächtnis

Grundwissen

Viele Menschen haben Probleme, sich Namen zu merken, und es ist ihnen immer wieder peinlich, wenn sie jemanden nicht mit Namen ansprechen können. Auch hier hilft die Technik der Assoziation.
Wird Ihnen jemand vorgestellt und Sie verstehen den Namen nicht sofort, fragen Sie ruhig nach. So zeigen Sie Interesse an Ihrem Gegenüber und verschaffen gleichzeitig Ihrem Gedächtnis genügend Zeit für die Aufnahme und Verarbeitung der Information. Betrachten Sie währenddessen die Person ganz konzentriert, aber unauffällig, und versuchen Sie, sich bestimmte Auffälligkeiten einzuprägen: z. B. eine besondere Nase, eine ungewöhnliche Frisur oder andere äußerliche Merkmale, die Ihnen sofort bewußt werden.
Die zweite Möglichkeit besteht darin, den Namen selbst mit einem bestimmten Bild zu verknüpfen. Das ist einfach bei Nachnamen wie Schwarz, Kümmel, Kurzhals, Müller, Schuster oder Koch. Schwieriger wird es bei unbekannten oder abstrakten Namen wie zum Beispiel:

Beispiel

Fremmer	Sie stellen sich einen Fremden vor
Dantinger	ein Anhänger des Dichters Dante
Grübel	jemand, der viel grübelt
Hottenrot	die Hottentotten sind rot
Parcus	lateinisches Wort für Park

Merke

Die Assoziationen müssen weder sinnvoll sein, noch z. B. beim Aussehen wirklich objektiv zutreffen, sie sollen Ihnen nur eine *Eselsbrücke* bauen.

Wenn Sie gerne dichten, können Sie auch kleine Merkverse verfassen, die ebenfalls nichts mit der Wirklichkeit zu tun haben müssen. Sie behalten diese Gedächtnishilfen ja für sich.

Beispiel

Frau Jellinek fährt gerne weg.
Herr Labermann zieht Lumpen an.
Frau Mall ist drall.

Kettenwort-Technik

Grundwissen

Eine weitere Methode ist die Kettenwort-Technik. Wenn Sie sich etwas in einer festgelegten Reihenfolge merken müssen, ist dieses Vorgehen geeignet. Dabei wird jeder Begriff mit dem nachfolgenden durch ein Bild verknüpft, bis Sie wieder beim ersten Wort angelangt sind. So entsteht eine Art Kette, und bei welchem Glied, also Begriff, Sie auch beginnen, immer wird Ihnen die gesamte Wortreihe wieder einfallen.

Beispiel

Sie wollen sich z. B. die zehn folgenden Begriffe merken: Telefon – Aktenordner – Skriptum – Kopierer – Raum – Flugzeug – Menü – Hotel – Theater – Taxi.

Sie beginnen mit der Verkettung beim Wort Telefon. Stellen Sie sich vor, Sie haben eine wichtige Besprechung und müssen vorher noch einige Leute informieren. Sie greifen daher zum Telefon und geben Bescheid. Danach sehen Sie in Ihren Aktenordnern nach, welche Unterlagen Sie benötigen. Danach suchen Sie aufgeregt Ihr Skriptum, in dem Sie die kurze Einführung, die Sie geben wollen, schriftlich niedergelegt haben. Endlich haben Sie es gefunden und eilen nun zum Kopierer, um das Blatt mit den Tagesordnungspunkten für die Teilnehmer zu vervielfältigen. Dabei fällt Ihnen ein, daß Sie für Ihre Besprechung noch gar keinen Raum belegt haben. Nachdem auch das erledigt ist, ist es bereits kurz nach neun und das Flugzeug mit den auswärtigen Kollegen bereits auf dem Flughafen gelandet. Schnell gehen Sie noch in das benachbarte Restaurant und bestellen für die Mittagspause einen Tisch und wählen ein Ihnen passend erscheinendes Menü aus. Außerdem rufen Sie im Hotel an und buchen dort die benötigten Zimmer für zwei Nächte. Für das Abendprogramm haben Sie bereits vor einiger Zeit Karten fürs Theater bestellt, so daß Sie nach getaner Arbeit nur noch ein Taxi benötigen, das Sie dorthin bringt. Dafür gehen Sie zum Telefon. Wenn Sie Taxi mit Telefon verknüpft haben, ist die Kette geschlossen, und Sie müßten die zehn Begriffe jederzeit abrufen können.

Loci-Technik

Grundwissen

Die Loci-Technik (lat. locus = Ort, loci = Orte) beruht darauf, daß man sich Orte in einer vorgegebenen Reihenfolge vergegenwärtigt, die fest im Gedächtnis verankert sind. Z. B. Plätze, an denen Sie täglich auf dem Weg zur Arbeit vorbeilaufen oder -fahren. Alles, was Sie sich nun merken wollen, stellen, setzen oder legen Sie an einen dieser Orte.

Wollen Sie die gesuchten Begriffe wieder abrufen, gehen Sie den ganzen Weg ab und sammeln an jedem Platz ein Wort auf.

Beispiel

Ihr morgendlicher Arbeitsweg sieht z. B. so aus: Kurz nachdem Sie aus dem Haus gegangen sind, kommen Sie an einer Telefonzelle vorbei, gehen dann an einem Kinderspielplatz entlang, überqueren die Straße und laufen bis zur Schule. Ein paar Schritte weiter stehen zwei Bänke unter einer alten Linde, und von dort geht es durch den Stadtpark zur Haltestelle.

Sie wollen sich nun folgende fünf Dinge merken, die Sie am Abend noch einkaufen müssen: Kaugummi – Waschpulver – Schuhcreme – Ketchup – Toilettenpapier.

Ihre Konstruktion könnte dann so aussehen: In der Telefonzelle klebt wie so oft ein alter Kaugummi am Hörer. Auf dem Kinderspielplatz hat sich jemand einen Scherz erlaubt und Waschpulver ausgeschüttet, das durch den Regen in der Nacht ganz aufgeschäumt ist. Die Fenster der Schule wurden von anderen Übeltätern mit Schuhcreme beschmiert, die Bänke unter der alten Linde sind dagegen voller Ketchup.

Als krönender Abschluß ist die Haltestelle von oben bis unten mit Toilettenpapier umwickelt.

Jeder Begriff wurde in der Reihenfolge mit den bekannten Orten am Rande Ihres Weges verknüpft, und Sie können deshalb alle in der richtigen Ordnung wieder abrufen. Vor Ihrem geistigen Auge läuft sozusagen ein Film ab. Gerade die etwas hergeholt wirkenden Konstruktionen und Verbindungen erleichtern das Behalten, da allzu offensichtliche oder logische Verknüpfungen leichter vergessen werden.

Merke

Gedächtnistechniken ermöglichen es Ihnen, sich bestimmte Daten und Fakten schneller und leichter anzueignen. Sie trainieren damit Ihre Konzentrationsfähigkeit und erleichtern sich durch rationelleres Verarbeiten von Informationen auch das konzentrierte Arbeiten. Der Nachteil dieser *Mnemotechniken* (Mneme griech. = Gedächtnis) ist ihre begrenzte Einsetzbarkeit. Bei abstrakten Begriffen sind sie oft schwer anzuwenden, da ein solcher Begriff zuerst durch einen konkreten ersetzt werden muß. Z. B. Taube für Frieden, Schornsteinfeger für Glück. Das führt beim Abrufen unter Umständen zu Verwirrungen, weil die konkreten Begriffe meist unterschiedliche Dinge symbolisieren können.

Übungen

Die folgenden Übungen zu den oben erklärten Gedächtnistechniken verlangen größte Aufmerksamkeit und auch Phantasie und sind eine wirksame Schulung Ihrer Konzentration.

20. Zur Einführung eine leichte Übung. Nehmen Sie die zwei Wörter „Rose“ und „Matterhorn“ und versuchen Sie, sich diese durch Visualisieren als Paar zu merken.
Die Übung können Sie selbständig weiterentwickeln, indem Sie die Zahl der Begriffe nach und nach erhöhen und die Schwierigkeit durch die Verwendung von abstrakten Begriffen vergrößern oder statt mit Substantiven mit Adjektiven arbeiten.
Merken Sie sich jetzt die Begriffspaare:

Phantasie – Vergeßlichkeit
einsam – flink

und dann die folgenden zehn Begriffspaare:

Huhn – Tresor
Freude – Gedanke
Butterbrot – Fahrstuhl
Fahrplan – Kopfkissen
Sparsamkeit – Hausdach
Auge – Wasser
Salat – Kreide
Buch – Reifen
Kuß – Handtuch
Milch – Photo

21. Nehmen Sie sich einen Einkaufszettel, auf dem nicht weniger als zehn Dinge stehen sollten, und prägen Sie ihn sich genau ein.
Üben Sie am folgenden Beispiel:

Dosenmilch	Waschpulver
Marmelade	Gummibärchen
Pfirsiche	Papiertaschentücher
Zeitung	Kartoffeln
3 Flaschen Rotwein	Zucker
Salzstangen	Saure Gurken

Klappen Sie das Buch zu und schreiben Sie die zwölf Begriffe nach etwa 20 bis 30 Minuten auf einen Zettel. Kontrollieren Sie, ob Sie nichts vergessen haben. Üben Sie dann auch praktisch: Gehen Sie das nächste Mal ohne Ihren Einkaufszettel in den Supermarkt und überprüfen Sie zu Hause, ob Sie alles eingekauft haben.

22. Versuchen Sie, sich folgende Nachnamen zu merken, indem Sie sie in Bilder umsetzen:

Feichtenschläger
Stoklossa
Böswetter
Pimiskern
Navosack

Versuchen Sie, sich die nächsten Namen mit Hilfe von Reimen zu merken:
Fechter
Wiese
Knettenbrecht
Huber
Daser

23. Ordnen Sie die folgenden Begriffe nach inhaltlichen Gesichtspunkten. Es gehören immer vier zusammen, jedem dieser Blöcke geben Sie einen Oberbegriff.

Armband – U-Bahn – Katamaran – Eule – Apfel – Straßenbahn – Ring – Birne – Kanu – Storch – Erdbeere – Amsel – Schiff – Banane – Autobus – Adler – Eisenbahn – Kette – Ruderboot – Ohrring

Interesse

Ihnen ist bestimmt schon einmal aufgefallen, daß es bestimmte Themengebiete gibt, bei denen Sie sich mühelos auch über einen längeren Zeitraum hinweg konzentrieren können. Überlegen Sie, wo und wann das ist!
Bestimmt stoßen Sie dabei auf Ihre Hobbys und Neigungen, mit denen Sie sich mühelos und ausschließlich auch über längere Zeit hinweg beschäftigen können.
Haben Sie Interesse an einer Sache, wird Ihre Beobachtung intensiver. Sie richten Ihre Aufmerksamkeit unbewußt, aber ausschließlich darauf und nehmen alles, was mit dem Gegenstand Ihres Interesses zusammenhängt, genauer und besser wahr.

Grundwissen

Interesse hat vom lateinischen Wortursprung her eine ganz ähnliche Bedeutung wie Konzentration (Lat.: inter esse = dazwischen sein, bei der Sache sein). Interesse ist sozusagen die passive Form der Bewußtseinslenkung, der Konzentration. Sie werden von einer Sache gefühlsmäßig angezogen und müssen daher keinerlei Anstrengung aufbringen, um sich darauf zu konzentrieren.
Der Hauptunterschied zur Konzentration besteht also darin, daß die Sammlung der Gedanken auf den Gegenstand des Interesses unbewußt und gefühlsbetont geschieht. *Interesse ist innere Teilnahme*, man ist mit dem Herzen dabei. Für Störungen und Ablenkungen ist man daher weniger anfällig, als wenn Konzentration auf etwas gefordert wird, was einen nur wenig oder gar nicht interessiert.

Beispiel

Denken Sie z. B. daran, wie Sie die Zeitung lesen. Nur das, woran Sie wirklich Interesse haben, lesen Sie konzentriert und wissen auch später noch, was in den betreffen-

den Artikeln gestanden hat. Alles andere überfliegen Sie und prüfen dabei lediglich, ob es Sie interessiert oder nicht. Ist dies nicht der Fall, werden Sie meist nicht mehr als die Schlagzeile behalten und auch diese nur für kurze Zeit.
Interesse bedeutet, Freude an einer Sache zu haben und daher mehr über sie wissen zu wollen.

Wecken Sie Ihr Interesse

Nicht bei allen Dingen des täglichen Lebens, auch nicht bei der Arbeit, wird sich das Interesse von alleine einstellen. Ist dies nicht der Fall, müssen Sie Einfluß auf Ihre Gedanken nehmen, sie richtig lenken und sich motivieren.

Merke

Bemühen Sie sich, die Arbeit, die Sie erledigen müssen, auch dann zu bejahen, wenn Ihr Interesse daran nur mäßig ist.
Versuchen Sie, auch ungeliebte Tätigkeiten mit einer ähnlichen Begeisterung durchzuführen wie Ihre Lieblingsbeschäftigung. Vielleicht gelingen sie Ihnen dadurch besonders gut, und Sie werden zum Weiterarbeiten angespornt.
Prüfen Sie in jedem Fall, ob die vorliegende Arbeit nicht doch Ihr Interesse wecken kann. Vielleicht läßt sie sich in irgendeiner Weise mit Ihrem persönlichen Spezialgebiet verknüpfen. Oder sie kann Impulse für Ihre Hobbys und Neigungen geben und wird deshalb interessant für Sie.
Versuchen Sie, jedem Detail einen Reiz abzugewinnen. Dafür ist genaues und bewußtes Beobachten nötig. Sie werden bestimmt immer etwas finden, das Ihr Interesse weckt oder zumindest in Gedanken mit angenehmen Dingen verbunden werden kann.
Ist Interesse nicht oder nur wenig vorhanden, muß man es wecken. Das beste Mittel hierfür ist die Motivation. Sie bewirkt, daß wir auch an Arbeiten Spaß finden, die uns nicht interessieren.

Merke

Interesse und/oder Motivation sind wichtige Voraussetzungen für unsere Konzentration.

Übungen

24. Lesen Sie die folgenden kurzen Personenbeschreibungen genau durch. Decken Sie sie mit einem Blatt Papier ab und beantworten Sie dann die untenstehenden Fragen.
a) Herbert Weickersdorfer, 56 Jahre alt, Lehrer, unterrichtet an einem Gymnasium Geschichte, Sozialkunde und Deutsch. Sein Hobby ist die Eisenbahn, jedes Wochenende ist er in ganz Deutschland unterwegs, um Dampflokfahrten mitzuerleben.
b) Gertrud Stein, 25 Jahre, Verkäuferin, arbeitet in der Boutique Top Ten und hat viel Spaß an modischer Klei-

dung. Sie ist eine begeisterte Sportlerin, geht jeden Abend ins Fitneßstudio und am Wochenende zum Segeln.

c) Sebastian Kugler, 43 Jahre, hat nach seiner Banklehre Betriebswirtschaft studiert und danach eine eigene kleine Computerfirma gegründet. Er reist viel herum, um Kontakte zu knüpfen und bei Messen neue Kunden zu gewinnen. In seiner Freizeit spielt er Golf.

d) Horst Trinklein, 37 Jahre, Kfz-Mechaniker, ist Meister in einer großen Autowerkstatt. Er hat eine Frau und zwei Kinder und ist vor fünf Jahren in sein eigenes Haus aufs Land gezogen.

e) Susanne Wolff, 41 Jahre, ist nach ihrer Ausbildung als Reisebürokauffrau ins Ausland gegangen. Seit zehn Jahren lebt sie in London, wo sie in einer großen internationalen Reiseagentur tätig ist. Um ihre Sprachkenntnisse zu verbessern, lernt sie in Abendkursen Spanisch und Französisch.

f) Doris Hauser, 29 Jahre, rechte Hand des Chefredakteurs einer großen Tageszeitung. Nach ihrem hektischen Arbeitsalltag erholt sie sich am Abend bei autogenem Training. Außerdem kocht sie sehr gerne und lädt am Wochenende oft ihren großen Freundeskreis zum Essen ein.

Fragen:
Welche Fächer unterrichtet Herbert Weickersdorfer?
Welche der drei Frauen segelt gerne, und welchen Beruf übt sie aus?
Was hat Sebastian Kugler studiert, und welcher Tätigkeit geht er heute nach?
Wer ist verheiratet?
Welcher der drei Männer spielt Golf?
Wer lernt am Abend noch zusätzlich Sprachen?
In welcher Stadt lebt Susanne Wolff und seit wann?
Doris Hauser hat welches Hobby?
Wer ist die/der Jüngste?
Kontrollieren Sie, ob Ihre Antworten stimmen. Lassen Sie sich weitere Fragen zu dem Text stellen.

25. Zählen Sie die Rechtecke, Dreiecke und Quadrate der folgenden Abbildung. Sie sollten dafür nicht mehr als zehn Sekunden benötigen.

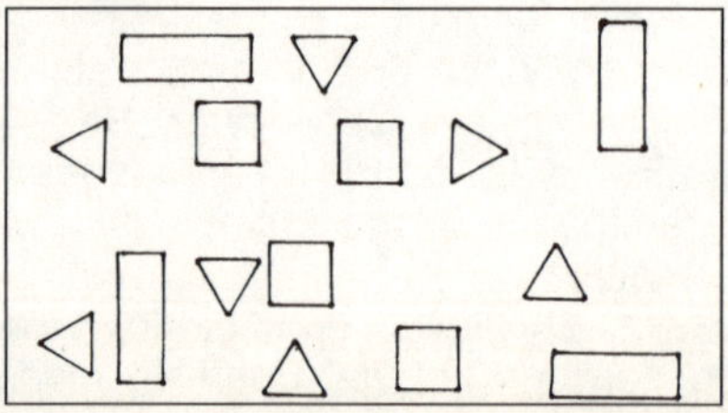

26. Im unten abgebildeten Kreis finden Sie das ganze Alphabet von A bis Z. Suchen Sie alle Buchstaben der folgenden sechs Wörter in der richtigen Reihenfolge. Versuchen Sie, die Aufgabe so schnell wie möglich zu lösen.
Die zu bildenden Wörter sind: Briefmarke – Zeitung – Autobahn – Eishockey – Kochtopf – Notenblatt

27. Augengymnastik: Verfolgen Sie die Linie vom Quadrat links unten bis zum Kreis rechts unten. Springen Sie dabei nicht von Symbol zu Symbol und lassen Sie sich durch die Symbole auch nicht von der Linie ablenken. Folgen Sie der Linie nur mit den Augen. Gehen Sie fünfmal hin und zurück.

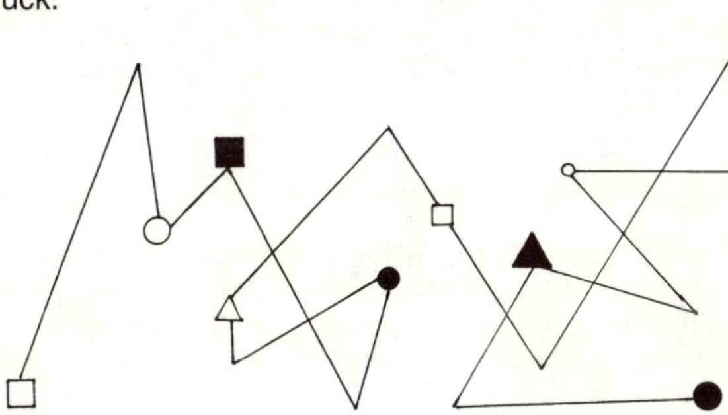

Motivation

Wie bereits erwähnt, ist Interesse an der zu erledigenden Aufgabe eine wichtige Voraussetzung für gute Konzentration. Ist dieses Interesse nicht da, muß es geweckt oder es müssen andere Formen der Motivation gesucht werden. Daher als nächstes ein paar Überlegungen dazu, wie Sie sich am besten motivieren können.

Der Einsatz des Willens

Grundwissen

Motive sind Beweggründe für unser Handeln. Um den Entschluß zum Handeln in die Tat umzusetzen, benötigen wir unseren Willen. Der Willenseinsatz wiederum wird von unseren Motiven stark beeinflußt. Je stärker wir ein Ziel erreichen wollen, um so weniger Willenskraft benötigen wir. Haben Sie z. B. großen Durst, dann ist Ihr Bedürfnis zu trinken so mächtig, daß Sie keinen besonderen Willenseinsatz brauchen, um dieses Bedürfnis zu befriedigen.
Je stärker also das Motiv, desto schwächer der erforderliche Willenseinsatz.
Ist das Motiv zum Handeln jedoch nur schwach ausgeprägt, benötigen Sie einen sehr starken Willen, um durchzuhalten und Ihr geplantes Ziel zu erreichen. In diesem Fall besteht die Gefahr, daß die Aufmerksamkeit nach kurzer Zeit nachläßt, die Gedanken abschweifen und Sie sich nicht mehr voll konzentrieren können. Konzentration ohne Interesse oder Motivation ist sehr schwer aufrechtzuerhalten.
Der Willen, etwas zu tun, lenkt unser Bewußtsein aktiv auf die zu erledigende Aufgabe, während das durch Gefühle erregte Interesse zu einer passiven Bewußtseinslenkung führt.

Beachte

Müssen Sie Ihre Konzentration also aktiv herbeiführen, weil das natürliche Interesse fehlt, erfordert das große Anstrengung, und Sie werden schneller ermüden. Je mehr Sie dieses Gefühl der Anstrengung vermeiden können, desto leichter wird Ihnen die geistige Arbeit fallen, desto größer wird Ihre Leistungsfähigkeit. Das bedeutet für Sie und Ihre Arbeit, daß Sie stets möglichst starke *Anreize finden* müssen, die Ihnen auch diejenigen Arbeiten und Pflichten schmackhaft machen, an welchen Sie wenig oder gar nicht interessiert sind.

Vom Umgang mit unangenehmen Aufgaben

Die wenigsten Menschen werden sich hauptsächlich mit Dingen beschäftigen, die sie wirklich interessieren oder sogar begeistern können. Viele Tätigkeiten auch in einem gern ausgeübten Beruf sind langweilig, da reine Routine, oder sie erscheinen auf den ersten Blick unangenehm.
Wie sind Sie bisher mit solchen Aufgaben umgegangen?

- Legen Sie alles, was Ihnen unangenehm ist, zunächst beiseite?

Merke

Denken Sie daran, daß die Arbeit am nächsten Tag nicht anders aussehen wird. Im Gegenteil, je mehr Sie auf morgen verschieben, desto größer wird die Menge unerledigter und unangenehmer Aufgaben!

– Machen Sie sich unlustig an die Arbeit?

Merke

Wenn Sie mit Widerwillen an eine Tätigkeit herangehen, verbrauchen Sie zu seiner Überwindung bereits viel Energie. Diese Energie geht Ihnen für die eigentliche Arbeit verloren, Sie benötigen mehr Zeit, und dem Endergebnis ist Ihre negative Einstellung sicherlich anzumerken. Sie werden wahrscheinlich mit sich nicht zufrieden sein und kein Erfolgsgefühl wird Sie für die Erledigung dieser unangenehmen Arbeit belohnen. Ein Mißerfolg dagegen wird Ihre Arbeitshaltung möglicherweise sogar für längere Zeit negativ beeinflussen.

– Versuchen Sie, das Beste aus der Situation zu machen?
Dann sind Sie auf dem richtigen Weg. Sie wissen, daß die Sache gemacht werden muß und es keinen Sinn hat, sie liegenzulassen. Erledigen Sie deshalb auch unangenehme Arbeiten möglichst schnell und aus freien Stücken!

Merke

Um sich die Erfüllung weniger angenehmer Pflichten erleichtern und konzentriert an ihnen arbeiten zu können, muß man sich motivieren. Wenn Sie ein starkes Motiv dafür haben, die vor Ihnen liegende Arbeit zu Ende zu bringen, finden Sie auch die passenden Mittel und Wege zu einem erfolgreichen Abschluß. Der Erfolg wiederum wird Sie für Ihre Anstrengung belohnen.

Beachte

Prüfen Sie daher, bevor Sie mit einer Arbeit beginnen, warum Sie sie erledigen wollen oder müssen. Machen Sie sich klar, daß die unerledigten Aufgaben sich bald wie ein Berg vor Ihnen auftürmen werden, wenn Sie sie nur vor sich herschieben. Die Angst, es nicht zu schaffen, wird Sie weiter lähmen. Sie zu überwinden kostet Zeit und Kraft, die Sie besser für die Arbeit selbst verwenden.

Verschaffen Sie sich einen Überblick darüber, welchem Gesamtziel die vor Ihnen liegende Aufgabe vielleicht untergeordnet ist. Machen Sie sich klar, welche Bedeutung dieser uninteressantere oder unangenehme Teil für das Ganze hat, an dessen Erledigung Sie möglicherweise sehr interessiert sind.

Bereits aus dieser Analyse können sich die ersten Motive und Anregungen dafür ergeben, daß Sie die vor Ihnen liegende Arbeit konzentriert angehen und zu einem erfolgreichen Ende bringen.

Übungen

28. Spielen Sie in Gedanken durch, wie Sie vorgehen könnten, wenn Sie etwas ganz Bestimmtes durchsetzen möchten, z. B. eine höhere Bezahlung, einen Sonderurlaub oder eine für Sie angenehmere Arbeitszeitregelung. Oder stellen Sie sich vor, wie Sie Ihren Standpunkt durchsetzen könnten, wenn Sie sich bei der Urlaubsplanung oder anderen Dingen mit den Kollegen absprechen müs-

sen. Denken Sie darüber nach, welche Argumente Ihnen Ihr Gesprächspartner wahrscheinlich entgegenhalten wird. Entwickeln Sie passende Gegenargumente. So gehen Sie optimal vorbereitet in ein solches Gespräch.

29. Bilden Sie aus dem Begriff MARIONETTE neue Wörter. Diese sind durch die unter den Buchstaben stehenden Zahlen bereits vorgegeben. Sie sollten die gesuchten sechs Begriffe in etwa 1 1/2 Minuten finden.

M	A	R	I	O	N	E	T	T	E
4	9	2	5	1	3	7	10	8	6

1.) 2 1 4 9 3

2.) 3 5 7 2 6

3.) 9 10 4 7 3

4.) 2 6 5 8 7 3

5.) 7 5 10 6 2

6.) 10 9 3 8 6

Suchen Sie weitere Wörter aus den Buchstaben des Wortes Marionette. Diese Übung können Sie mit beliebig vielen anderen Begriffen, die jedoch mindestens acht bis zehn Buchstaben enthalten sollten, durchführen.

30. Für die folgende Übung haben Sie 30 Sekunden Zeit. Lesen Sie in diesem Zeitraum nur die ungeraden Zahlen laut vor, jedoch nur so schnell, wie Sie noch das Gefühl haben, keine Fehler zu machen.

35	66	83	46	25	72	22	45	73	15	68
46	24	93	85	44	52	68	84	17	53	72
37	65	84	67	87	66	25	54	58	23	17
64	35	63	92	93	55	46	74	44	73	30
66	52	84	78	03	57	54	42	21	73	37

31. Verfolgen Sie die Linie von der Wohnung zum Büro nur mit den Augen. Verwenden Sie weder den Finger noch einen Bleistift als Hilfsmittel.

Zu welchem Büro kommen Sie ?

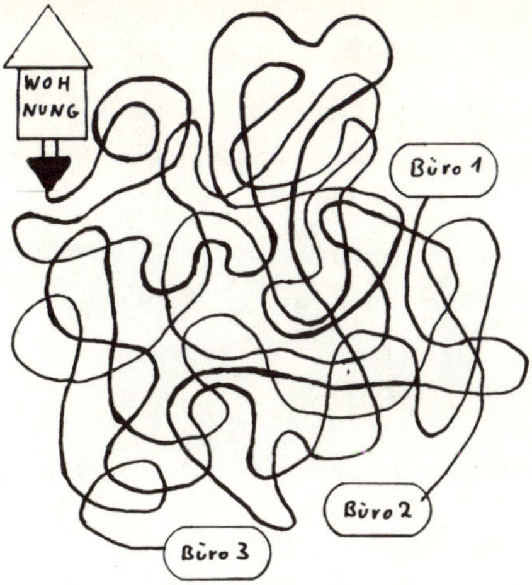

32. In der folgenden Abbildung sind zehn europäische Städte versteckt. Sie können horizontal von rechts nach links, vertikal von oben nach unten oder auch diagonal in beide Richtungen zwischen den Buchstaben stehen.
Die gesuchten Städte sind: Basel, Mainz, Florenz, Wien, Paris, Kiel, Oslo, Dresden, Prag, London

X	A	F	T	S	M	Y	W	A	T	I	R
O	M	L	N	A	R	S	T	I	S	C	H
G	Z	O	F	D	R	E	S	D	E	N	A
S	P	R	A	G	O	D	L	L	O	E	N
T	I	E	V	O	R	M	A	L	P	I	S
M	L	N	F	L	B	G	R	S	C	W	K
E	O	Z	N	I	A	M	D	O	W	U	R
U	N	O	A	F	S	I	R	A	P	A	B
M	D	R	K	Y	E	X	I	S	K	L	C
U	O	C	O	S	L	O	R	T	E	Z	J
S	N	H	P	W	G	U	L	I	Z	E	A
T	I	N	T	O	B	D	K	U	X	T	B

33. Unterstreichen Sie in der folgenden Übung die Unstimmigkeiten:

345	569	221	898
845	599	231	899
025	719	689	451
035	716	989	751
587	961	790	171
597	981	490	141
338	456	863	239
368	459	868	289

34. Zählen Sie, wie viele Quadrate in der folgenden Abbildung zu sehen sind.

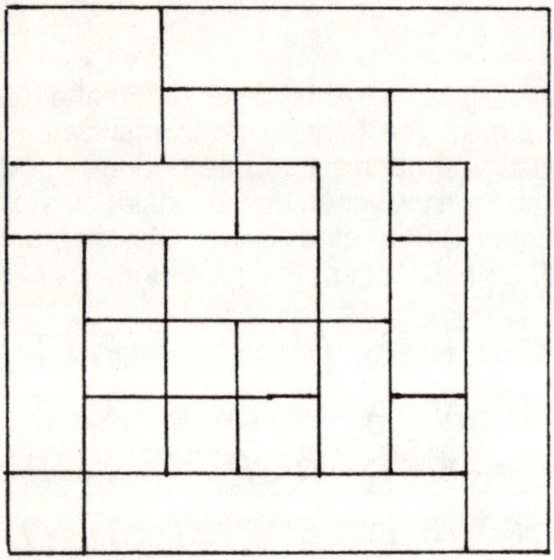

Befriedigung von Bedürfnissen als Motivation

Grundwissen

Die wichtigste Form der Motivation jedes Menschen ist die Befriedigung seiner körperlichen Bedürfnisse. Er will Geld verdienen, um zu essen und zu trinken, um angemessen zu wohnen und sich zu kleiden. Sind diese Bedürfnisse gestillt, folgen Wünsche, die die soziale Sicherheit betreffen, wie ein sicherer Arbeitsplatz, Absicherung im Krankheitsfall und im Alter usw.

Sobald diese grundlegenden Bedürfnisse befriedigt sind, motivieren sie nicht mehr. Für neue Anreize müssen daher neue Bedürfnisse entstehen und der Wunsch, sie zu be-

riedigen. Gute Beziehungen zu den Mitmenschen, sozia-
es Ansehen, Wertschätzung bei Vorgesetzten und Kolle-
en, Anerkennung der eigenen Leistung und das Errei-
hen eines möglichst hohen Status im Berufsleben und in
er Gesellschaft sind solche weitergehenden Motivationen.
uch Selbstachtung und Selbstverwirklichung sind Ziele,
ie viele Menschen anstreben und die sie motivieren. Bei
lotiven wie z. B. dem Geltungsbedürfnis, dem Wunsch,
ich vor den anderen auszuzeichnen, etwas Besonderes
u sein, sollte man allerdings berücksichtigen, daß sie nur
ann positiv sind, wenn man anderen dabei keinen Scha-
en zufügt!

Jm sich auch unabhängig von äußeren Gegebenheiten
nd anderen Menschen motivieren zu können, sollten Sie
ich darüber klar werden, welche Beweggründe in Ihrer
.ebensgestaltung für Ihr Handeln eine wichtige Rolle spie-
en. Was treibt Sie an, was aktiviert und motiviert Sie gene-
ell? Nehmen Sie ein Blatt Papier und notieren Sie darauf
lles, was Ihnen dazu einfällt.

Beispiel

Grundsätzlich sollten diese Motive auf jede Arbeit über-
agbar sein und nicht nur für eine spezielle Sache gelten.
. B. kann der Wunsch, bestimmte Dinge in Ihrer Umwelt,
 Ihrer Umgebung grundlegend zu verbessern bzw. zu
erändern, ein wichtiger Impuls sein. Weltanschauliche
der politische Gründe beeinflussen das Handeln vieler
lenschen. Andere treiben ganz private Motive an: z. B.
er Wunsch, etwas zu erreichen, was einem keiner zuge-
aut hat, oder zu beweisen, daß der Weg, den man einge-
chlagen hat, der richtige war, obwohl Verwandte und
reunde davon abgeraten haben. Manche Menschen sind
rundsätzlich motiviert, gegen etwas zu Felde zu ziehen,
ndere wieder sehen ihre große Aufgabe darin, für Harmo-
ie und Ausgleich zu sorgen.

Verden diese Triebfedern in einem entsprechenden Beruf
enutzt, dann werden sie positiv motivierend wirken. In ei-
er Tätigkeit, in der Sie Ihre natürlichen und grundlegen-
en Motivationen einbringen können, werden Sie beson-
ers erfolgreich sein. Müssen Sie dagegen stets gegen Ih-
e Prinzipien und Veranlagungen arbeiten, wird Ihre Ar-
eitsmotivation eher gering sein.

Positive und negative Motivation

Grundwissen

lotivation kann negativ oder positiv sein. Eine *negative*
lotivation wird bei Ihnen niemals Begeisterung für die zu
rledigende Aufgabe auslösen. Sie äußert sich in einem
uf Ihnen lastenden Druck, der Sie zwingt, etwas zu tun.
ie Angst vor negativen Folgen ist der entscheidende An-

trieb. Negative Motivationen sind also von vornherein die schlechtere Form des Anreizes. Zwang verkrampft, Verkrampfungen bewirken einen stärkeren Aufwand an Energie und erschweren die Konzentration. Diese Art der Motivation wird Sie daher kaum zu Höchstleistungen anspornen.

Beispiel

Beispiele für negative Motivation: Angst vor dem Versagen und allen damit verbundenen Folgen, Angst vor Entlassung oder vor finanziellen Einbußen. Bei Schulkindern ist es oft die Angst vor den Noten, den Lehrern oder auch den Eltern, die sie zum Lernen antreibt.

Merke

Sinnvoller ist es, sich *positiv zu motivieren*. Diese Art des Anreizes ist dauerhafter und widerstandsfähiger, da sie von Anfang an eine angenehme Arbeitsatmosphäre schafft.

Bestimmen Sie Ziele, die Sie erreichen möchten und zu denen die vorliegende Arbeit etwas beiträgt.

Beachte

Achten Sie darauf, daß Sie sich nicht unterfordern, damit das Erreichen des Zieles für Sie nicht unbefriedigend ist und bereits bei der Arbeit aufkommende Langeweile Ihre Konzentration stört. Genausowenig sollten Sie sich überfordern, sich also nicht zu viel vornehmen. Die Angst, der Aufgabe nicht gewachsen zu sein, wird Ihre Konzentration mindern. Wenn Sie Ihr selbstgestecktes Ziel dann tatsächlich nicht erreichen, wird der Mißerfolg sie zurückwerfen und lähmen.

Falls Sie jedoch bei einer Aufgabe Fehlschläge hinnehmen müssen, versuchen Sie, den Mißerfolg als Antriebskraft zu nutzen. Aus Fehlern wird man klug!

Gehen Sie jede Arbeit so an, als ob sie Sie brennend interessiert.

Suchen Sie nach Anknüpfungspunkten zu Themen, an denen Sie interessiert sind.

Überlegen Sie, welchen Nutzen diese Arbeit auch für andere Arbeitsbereiche haben könnte.

Bemühen Sie sich, die Teilziele so zu planen, daß Sie genügend Zeit dafür haben. Kalkulieren Sie Pausen ein, die nötig sind, um die Konzentration wieder herzustellen. So können Sie schrittweise dem eigentlichen Ziel näherkommen und sich dabei durch Teilerfolge immer wieder neu motivieren.

Da Sie mit einer Arbeit nur selten einem Ihrer weitergesteckten Ziele näherkommen können, denken Sie im Alltag vor allem an kurzfristig zu erreichende Belohnungen, die Sie erwarten, wenn Sie eine Aufgabe zufriedenstellend gelöst haben: z. B. eine Belobigung durch den Chef, eine Gehaltserhöhung oder Prämie, für eine besonders gute Lösung vielleicht sogar die schon lange gewünschte Beförderung.

Daneben gibt es die kleinen Formen der *Selbstbelohnung*, wie eine gute Tasse Kaffee nach Erledigung einer anstrengenden Arbeit, ein Stück Schokolade, ein Restaurantbesuch als Entschädigung für einen anstrengenden Arbeitstag. Machen Sie sich eine Liste von Dingen, mit denen Sie sich belohnen können, und nehmen Sie diese als Motivation, wenn Ihnen Ihre momentane Aufgabe schwerfällt.

Merke

Wenn Sie etwas wirklich erreichen wollen, ist schon dieser Wille allein eine Motivation. Sie werden Ihr Ziel konsequent verfolgen, und am Schluß steht der Erfolg. Das Erfolgserlebnis wird Sie dann erneut motivieren, neue Dinge in Angriff zu nehmen.

Übungen

35. Machen Sie sich für jede Aufgabe, die Ihnen schwerfällt, eine Liste mit guten Gründen, aus denen Sie diese Arbeit dennoch durchführen wollen oder müssen.

36. Wenn die Arbeit ins Stocken gerät und die Lust, die vor Ihnen liegende Aufgabe weiterzuführen, abnimmt, halten Sie sich den Nutzen Ihres Durchhaltens vor Augen und denken Sie auch an die Nachteile, die ein Aufgeben mit sich bringen würde.

1. Vorteile beim Durchhalten:

....

....

....

....

2. Nachteile beim Aufgeben :

....

....

....

....

Lösungen:

Übung 12: 4, 1, 2, 3, 6, 4

Übung 13: Computer, Malerei, Behälter, Drucksachen

Übung 14:

2, 6, 10, 14, 18 (2+4=6+4=10+4=14+4=18)

65, 58, 51, 44, 37, 30 (65-7=58-7=51-7=44-7=37-7=30)

10, 13, 19, 28, 40, 55, 73
(10+3=13+6=19+9=28+12=40+15=55+18=73)

42, 33, 25, 18, 12, 7, 3
(42-9=33-8=25-7=18-6=12-5=7-4=3)

3, 6, 4, 8, 6, 12, 10, 20, 18
(3x2=6-2=4x2=8-2=6x2=12-2=10x2=20-2=18)

Übung 15: Stecknadel, Kissenbezug, Untertasse, Tortenplatte, Unterrock, Aktenzeichen, Korkenzieher

Übung 16: Lösungsvorschlag: **A**ls **E**lke **k**am, **b**emerkte **s**ie **k**einer; **P**eter, **n**icht **U**te, **s**oll **j**eden **M**ittwoch **e**inen **V**ogel **m**alen

Übung 19: Lösungsvorschlag: Telefon-schnur, -zelle, -zentrale, -rechnung, -hörer, -gespräch, -nummer, -leitung, -buch, -karte

Übung 20: Lösungsvorschlag:

Auf dem Matterhorn wird niemals eine Rose blühen.

Ein Kind sitzt auf dem Boden und malt voll Phantasie ein Bild, da es aber eigentlich seine Hausaufgaben machen sollte, schimpft die Mutter über seine Vergeßlichkeit.

Der einsame Hase sprang flink durch den Wald.

Das Huhn hat sich im Tresor ein Nest gebaut und seine Eier hineingelegt.

Ein Chor singt zu ihrem Geburtstag das Lied: Die Gedanken sind frei. Ihre Freude darüber ist groß.

Gestern hat jemand sein Butterbrot im Fahrstuhl vergessen, und ich bin genau darauf getreten.

Sie haben heute ganz schlecht geschlafen, als Sie aufwachen, finden Sie unter Ihrem Kopfkissen den Fahrplan, den Sie schon lange vermißt haben.

Ihr Nachbar hat mit seiner Sparsamkeit übertrieben, sein Hausdach hat Löcher, durch die es hineinregnet.

Als sie die traurige Nachricht erhielt, füllte sich ihr Auge mit Wasser.

Der Salat war so schmutzig, daß er aussah, als habe ihn jemand mit Kreide bemalt.

In dem Buch steht, wie man einen Reifen wechselt.

Der Junge wischte sich ihren Kuß mit dem Handtuch wieder von der Backe.

Ich habe ein Photo davon gemacht, wie du die Milch verschüttet hast.

Übung 22: Lösungsvorschlag:

Feichtenschläger	ein Schläger, der im Feuchten liegt
Stoklossa	der Stock ist schon da
Böswetter	draußen herrscht böses Wetter
Pimiskern	Kern einer exotischen Frucht
Navosack	Na, wo ist der Sack

Kaum sehen wir Herrn Fechter, so erhebt sich ein Gelächter

Herr Wiese ist kein Riese

Herr Knettenbrecht kommt nie zurecht

Herr Huber liegt oft im Zuber

Frau Daser ist kein Glaser

Übung 23: Obst, öffentliche Verkehrsmittel, Vögel, Wasserfahrzeuge, Schmuck

Übung 25: 7 Dreiecke
4 Quadrate
4 Rechtecke

Übung 29: Die gesuchten Worte sind: Roman, Niere, atmen, reiten, Eiter, Tante. Folgende Begriffe lassen sich u. a. ebenfalls bilden: Eimer, Ratte, raten, nett, Teer, retten, Tee, Meer, Tier, Otter, Ritter, Reim

Übung 31: Büro 2

Übung 32:

	F								
	L								
	O		D	R	E	S	D	E	N
P	R	A	G						E
	E								I
L	N			B					W
O	Z	N	I	A	M				
N				S	I	R	A	P	
D				E					L
O		O	S	L	O			E	
N							I		
						K			

Übung 34: 14 Quadrate

2. Konzentrieren leicht gemacht

Grundwissen

Allein die Übung Ihrer Konzentration reicht nicht aus, diese Fähigkeit zu verbessern. Sie müssen, um konzentriert arbeiten zu können, zusätzlich die passenden Rahmenbedingungen sowie die notwendigen inneren und äußeren Voraussetzungen schaffen. Um für sich selbst herauszufinden, wo Ihre Stärken und Schwächen bei der konzentrierten Durchführung Ihrer Arbeit liegen, weshalb oder wann Sie sich schlecht konzentrieren können, ist eine ehrliche Selbstanalyse wichtig. Diese steht deshalb am Anfang dieses Kapitels.

Selbstanalyse

Beachte

Symptome und Ursachen für Konzentrationsstörungen sind so vielfältig, daß allgemeine Aussagen Sie nicht wesentlich weiterbringen. Um dagegen wirksam anzugehen, ist eine genaue *Selbstbeobachtung* wichtig. Achten Sie bei den folgenden Ausführungen darauf, welche Grundlagen für eine gute Konzentration bei Ihnen fehlen, welche nur schwach ausgeprägt und welche bereits vorhanden sind. Sie können dann gezielter an Ihren Schwachpunkten arbeiten und Ihre Ausgangslage zur Steigerung Ihrer Konzentrationsfähigkeit verbessern.
Prüfen Sie zuerst Ihre grundsätzliche Einstellung zur Arbeit, zu Ihrem Beruf!

Haben Sie Spaß an Ihrer Arbeit?
Sind Sie bereit, Neues aufzunehmen und zu lernen?
Versuchen Sie immer, Ihr Bestes zu geben?
Schieben Sie unangenehme Arbeiten gerne auf?
Unterlaufen Ihnen oft völlig unnötige Fehler?
Arbeiten Sie stets sorgfältig, auch bei nicht so wichtigen Aufgaben?
Bereiten Sie sich auf neue Anforderungen genügend vor?
Ist für Sie die Arbeit im Team eher anregend oder hinderlich?

Betrachten Sie außerdem Ihre Lebenseinstellung und Ihren Lebensrhythmus!

Haben Sie ein gesundes Selbstvertrauen?
Wie steht es mit Ihrer Selbstdisziplin?
Leiden Sie an Minderwertigkeitsgefühlen?
Haben Sie ein Lebensziel, das Sie konsequent verfolgen?

Können Sie Mißerfolge gut wegstecken oder hängen Sie Fehlern lange Zeit nach?
Können Sie in Ihrer Freizeit gut abschalten und sich entspannen?
Haben Sie einen geregelten Tagesablauf?
Gehen Sie häufig so spät ins Bett, daß Sie am nächsten Tag unausgeruht zur Arbeit kommen?
Greifen Sie oft zu künstlichen Aufputschmitteln, um Ihre Müdigkeit am Tag zu überwinden?
Rauchen Sie besonders viel, wenn Sie unter Anspannung stehen?
Trinken Sie regelmäßig Alkohol?
Ernähren Sie sich hauptsächlich von Fast food, weil Sie keine Zeit zum Kochen haben?
Treiben Sie ab und zu Sport?

Übung

Nehmen Sie diese Fragen als Anhaltspunkt und machen Sie sich eine Liste mit allen Störungen und Anregungen, die positiv oder negativ auf Ihre Konzentrationsfähigkeit einwirken. Machen Sie sich klar, welche der im folgenden angesprochenen Voraussetzungen Sie bereits erfüllen und woran Sie noch besonders arbeiten müssen. Mit diesen Erkenntnissen über sich selbst lesen Sie jetzt weiter.

Schulung der Sinne

Grundwissen

Um sich konzentrieren zu können, ist es wichtig, alle seine Sinne zu schulen und sie so gut wie möglich einzusetzen. Jeder Mensch nimmt nicht nur unterschiedlich, sondern auch mehr oder weniger wahr.
Lernen Sie daher wahrzunehmen! Das allein schult und übt bereits Ihre Konzentration.
Informationen und Wahrnehmungen werden durch Reize aus der Umwelt über unsere fünf Sinne (sehen, hören, riechen, schmecken, tasten) aufgenommen und an unser Gedächtnis weitergeleitet. Je mehr Sinne wir einsetzen, desto vielfältiger können wir Informationen empfangen und weiterleiten, desto vielfältiger wird die Verknüpfung dieser Informationen mit bereits vorhandenem Wissen in unserem Gedächtnis sein, desto leichter können wir diese Dinge wieder abrufen.

Die drei Lerntypen

Beachte

Vielleicht haben Sie schon einmal bei sich selbst beobachtet, daß Sie bestimmte Dinge besser behalten als andere, auch wenn Sie beiden das gleiche Interesse entgegenbringen. Überlegen Sie, auf welche Art und Weise Sie die Informationen zu diesen Themen erhalten haben: Haben Sie

einen Film darüber gesehen oder einen Artikel in der Zeitung gelesen? Haben Sie einen Vortrag dazu gehört oder haben Sie praktisch mit diesem Thema zu tun gehabt?
Denken Sie an Ihre Schulzeit: Wie konnte der Lehrer Ihre Aufmerksamkeit am ehesten wecken, mit welcher Lehrmethode kamen Sie am besten zurecht: ein Referat hören und mitschreiben, einen Film sehen, praktische Übungen machen?
Sie werden nach der Beantwortung dieser Fragen erkennen können, welcher Lerntyp Sie sind, d. h. welcher Ihrer Sinne am meisten angesprochen werden muß, damit die Informationen in Ihrem Gedächtnis haften bleiben.

Merke

Allgemein spricht man von drei Lerntypen:
- der *visuelle* Typ merkt sich vorwiegend den optischen Eindruck,
- der *akustische* Typ nimmt am meisten über das Gehör wahr,
- der *motorische* Typ lernt am besten über das Handeln, über den Tastsinn.

Sicherlich ist eine der Lernmethoden für Sie besonders gut geeignet, doch ist der Einsatz aller Sinne zur Aufnahme von Wissen der beste Weg, Informationen langfristig und fest im Gedächtnis zu speichern. Deshalb lernen Sie möglichst auf beide Arten: Nehmen Sie den Lernstoff zuerst mit allen Sinnen auf und vertiefen Sie ihn dann auf die Art und Weise, die Ihnen am meisten liegt.

Beispiel

Stellen Sie sich vor, Ihr Chef will Sie in ein neues Arbeitsgebiet einführen, z.B. in die Anwendung eines Ihnen bisher unbekannten Computerprogrammes. Zuerst erklärt er Ihnen in einem kurzen Vortrag, worauf es besonders ankommt und was Sie generell darüber wissen sollten. Sie hören zu und merken sich davon mehr oder weniger. Zusätzlich gibt Ihnen Ihr Chef ein Buch, in dem das Programm genauer erklärt ist. Sie lesen es durch und notieren sich die wichtigsten Dinge. Nach einigen Tagen dürfen Sie Ihr Wissen praktisch am Computer ausprobieren. Sie haben also über das Gehör, die Augen und den Tastsinn den zu lernenden Stoff aufgenommen und verarbeitet und werden mit dem neuen Arbeitsmittel schnell umgehen können.

Verbessern Sie Ihre Beobachtungsgabe

Merke

Die Schulung Ihrer Sinne wird Ihnen das Lernen erleichtern, Sie befähigen, mehr Informationen aufzunehmen und richtig abzuspeichern und Ihre Umwelt insgesamt bewußter wahrzunehmen.

Übung

Überlegen Sie einmal, wie gut Sie gewöhnlich beobachten:
– Können Sie, ohne zu überlegen, sagen, was auf einem

Zwanzigmarkschein auf der Vorder- und Rückseite abgebildet ist?
- Wie viele Knöpfe hat das Jackett, das Hemd oder die Bluse, die Sie gerade tragen?
- Wie viele Fenster hat das Haus, in dem Sie wohnen, auf seiner Frontseite?
- Beschreiben Sie die Form der Zeiger an Ihrer Armbanduhr. Hat die Uhr einen Sekundenzeiger?
- Stellen Sie sich vor, Sie sind beruflich in einer fremden Stadt. Vom Hotel zum Messegelände, auf dem Sie zu tun haben, gehen Sie zu Fuß, ein Kollege, der sich bereits auskennt, begleitet Sie. Achten Sie so auf den Weg, daß Sie später auch alleine zum Hotel zurückfinden?
- Erkennen Sie auch Menschen sofort wieder, die Sie nur einmal kurz gesehen haben?
- Gehen Sie häufiger an Menschen vorbei, ohne sie wahrzunehmen, auch wenn Sie sie gut kennen?

Wenn Sie nach Beantwortung dieser Fragen zu dem Schluß kommen, daß Ihre Beobachtungsgabe eher schlecht ausgeprägt ist, trainieren Sie diese Fähigkeit! Die Schulung Ihrer Wahrnehmung ist gleichzeitig eine gute Methode, Ihre Konzentrationsfähigkeit zu verbessern. Bemühen Sie sich in Zukunft, auch Kleinigkeiten, Alltägliches bewußt wahrzunehmen. Lernen Sie, stets aufnahmebereit zu sein.

Nehmen Sie am Leben um Sie herum bewußt Anteil, öffnen Sie alle Ihre Sinne.

Die folgenden Übungen schulen speziell den konzentrierten Einsatz Ihrer Sinne, trainieren Ihre Wahrnehmung und das bewußte Sammeln aller Gedanken auf eine Sache.

Übungen

Sehen und Beobachten

1. Betrachten Sie bewußt Gegenstände Ihrer Umgebung, z. B. Ihre Armbanduhr. Nehmen Sie jede Einzelheit in sich auf: Farbe, Form, Material, Art der Ziffern, Aussehen der Zeiger. Schließen Sie dann die Augen und stellen Sie sich die Uhr genau vor. Zeichnen Sie sie außerdem auf ein Stück Papier und vergleichen Sie das Ergebnis mit der echten Armbanduhr. Machen Sie sich bewußt, was richtig und was falsch war. Diese Kontrolle ist besonders wichtig.

2. Betrachten Sie Ihre Mitmenschen bewußt, aber unauffällig. Wie ist die Gesichtsform, welche Form haben Nase, Mund und Augen, welche Farbe haben die Haare, die Augen? Vergleichen Sie Ihre Vorstellung bei der nächsten Gelegenheit mit der Wirklichkeit! Machen Sie sich richtige und falsche Ergebnisse bewußt. Achten Sie auch auf Be-

wegungen, Gestik, Mimik und Aussprache. Finden Sie Eigenarten heraus.
Diese Übung wird Ihnen besonders dabei helfen, Namen leichter zu behalten.

3. Schauen Sie aus dem Fenster, versuchen Sie möglichst schnell zu erfassen, wie viele Autos auf dem Parkplatz oder am Straßenrand, soweit Sie ihn überschauen, stehen.

4. Werfen Sie auf dem Weg vom oder zum Arbeitsplatz einen Blick auf Autonummern und versuchen Sie, diese fehlerfrei aus dem Kopf wiederzugeben.

Hören

5. Versuchen Sie, in der Natur konzentriert – mit geschlossenen Augen – alle Geräusche (Vogelstimmen, Blätterrauschen, Wind, Wellenschlag, Zirpen der Grillen u. ä.) aufzunehmen und zu erkennen.
Versuchen Sie dasselbe mitten in der Stadt (Autos, Straßenbahnen, Stimmen).

6. Achten Sie auf die Stimmen Ihrer Mitmenschen und versuchen Sie, das Typische herauszufinden (hohe oder tiefe Stimme, Dialekt, Sprechgeschwindigkeit).

7. Versuchen Sie, die einzelnen Instrumente aus einem Orchester herauszuhören. Verfolgen Sie ein Musikinstrument durch ein ganzes Musikstück hindurch.

8. Versuchen Sie, Menschen, mit denen Sie oft zusammen sind, am Schritt zu erkennen.

Tasten

9. Betasten Sie bei geschlossenen Augen mit den Fingern verschiedene Gegenstände, die man Ihnen reicht, und beschreiben Sie das Material, die Oberflächenbeschaffenheit, die Form und erraten Sie vielleicht sogar genau, was Ihnen in die Hand gegeben wurde.

10. Gehen Sie barfuß und nehmen Sie mit Ihren Zehen die Bodenbeschaffenheit wahr.

11. Versuchen Sie einmal beim Spazierengehen, bewußt den Wind an Ihrer Haut zu spüren.

Schmecken und Riechen

12. Versuchen Sie, bei Speisen oder Getränken mit geschlossenen Augen herauszubekommen, was auf Ihrem

Teller oder in Ihrem Glas ist. Können Sie einzelne Zutaten erkennen? Beurteilen Sie, was Sie schmecken, so treffend und genau wie möglich.

13. Üben Sie sich im Abschmecken von Speisen. Davon profitiert nicht nur Ihre Kochkunst, sondern auch Ihr Geschmackssinn. Konzentrieren Sie sich auf den ursprünglichen Geschmack einer Speise und prüfen Sie dann, nach dem Hinzufügen weiterer Gewürze, Kräuter oder anderer Zutaten, die Veränderung.

14. Konzentrieren Sie sich auf den Geruch in Ihrer Wohnung. Was gibt es zu essen, wurde gerade ein Kuchen gebacken oder wurde geputzt?

15. Nehmen Sie Gerüche und Düfte in der Stadt (Abgase, Mülltonnen, Imbißbuden) oder in der Natur (Wiese, Blumen, Moos, frische Erde, Wasser) ganz bewußt wahr.

Tagesrhythmus

Grundwissen

Jeder Mensch hat einen bestimmten Tagesrhythmus, abhängig von den natürlichen Bedürfnissen seines Körpers, aber auch geprägt durch persönliche Eigenarten.
Über die Beziehung von Tageszeit zu Leistungsfähigkeit gibt es einige allgemeingültige Aussagen, die auf Durchschnittswerten beruhen. Die folgende Kurve zeigt Ihnen, wo im Normalfall diese Höhen und Tiefen der Leistungsfähigkeit liegen.
Leistungskurve

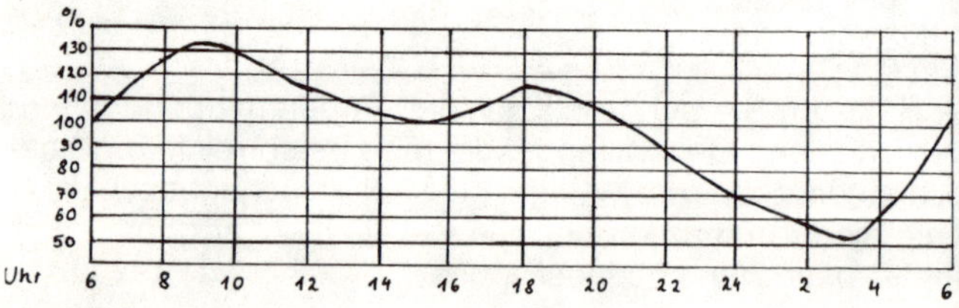

Merke

Zweimal am Tag ist ein Leistungshoch zu verzeichnen, das eine am Vormittag, das andere am späteren Nachmittag bzw. frühen Abend. Dieses zweite Hoch ist allerdings nicht mehr so ausgeprägt wie das am Morgen. Einen deutlichen Einbruch gibt es am frühen Nachmittag nach dem Essen und in der Nacht, wenn der Körper automatisch auf Ruhe schaltet. Abweichungen finden sich natürlich bei ausgeprägten Frühaufstehern und sogenannten Morgenmuffeln. Hier verschieben sich die Zeiten entsprechend. Das Leistungshoch wird bei einem Morgenmuffel entsprechend später liegen, das Tief bei einem Frühaufsteher am Abend zeitiger eintreten. Wichtig ist die Phase der Regeneration in der Nacht. Sechs bis acht Stunden Schlaf braucht nach wissenschaftlichen Erkenntnissen ein erwachsener Mensch, um leistungsfähig zu bleiben und seine Reserven wieder aufzutanken.

Um diesen natürlichen Rhythmus für Ihre Arbeit zu nutzen und die Zeiten der höchsten Konzentrationsfähigkeit herauszufinden, sollten Sie sich eine ganz persönliche Leistungskurve erstellen. Notieren Sie, wann Sie sich besonders fit fühlen bzw. wann Sie müde sind.

Persönliche Leistungskurve:

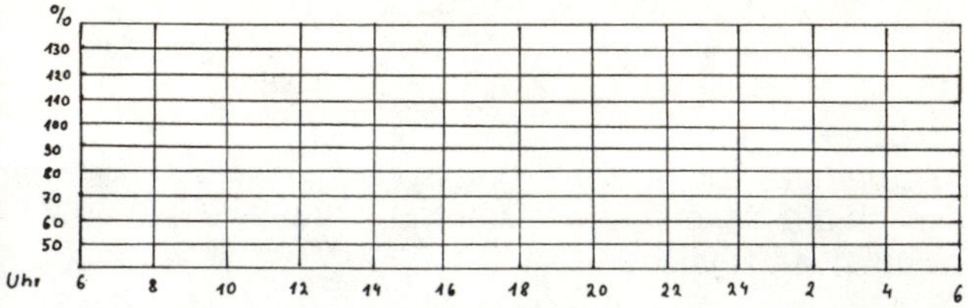

Aufgabe

Schreiben Sie zusätzlich auf ein weiteres Blatt, welche anderen Faktoren einen Einfluß auf Ihre Leistungsfähigkeit ausüben: z. B. bestimmte Wetterlagen, wie viele Pausen Sie eingelegt und wie Sie sie genutzt haben, Stimmungen oder andere persönliche Lebensumstände wie übermäßiger Alkoholgenuß am Abend, spätes Zubettgehen, wenig Schlaf. Führen Sie solche Listen mindestens eine Woche, besser noch länger. Sie erhalten aus Ihren Aufzeichnungen dann ein persönliches Leistungsbild. Versuchen Sie in Zukunft, soweit es möglich ist, die Hochs und Tiefs Ihrer Konzentrationsfähigkeit und Leistungsbereitschaft in Ihrem Tagesplan zu berücksichtigen. Nutzen Sie für schwierige Projekte zum Beispiel die Morgenstunden – außer Sie sind ein ausgesprochener Morgenmuffel, der erst ab Mittag ansprechbar ist. Versuchen Sie nicht, gerade nach einem guten Essen in der Mittagspause besonders kreativ zu sein. Erledigen Sie in Zeiten des Leistungstiefs lieber nur Routinearbeiten, absolvieren Sie Telefonanrufe, sehen Sie Ihre Korrespondenz durch u. ä.

Biorhythmus

Wenn Sie Ihre Tagesleistungskurve erstellt haben, sollten Sie sich zusätzlich mit Ihrem Biorhythmus vertraut machen.

Er erleichtert es Ihnen, Leistungsschwankungen über längere Zeit hinweg einzuplanen. Dieser Rhythmus trifft zumindest tendenzielle Aussagen über Ihre körperlich-geistige Fitneß. Auch wenn der Glaube hier eine nicht ganz unwichtige Rolle spielt, sollte man doch versuchen, nicht ständig gegen diesen natürlichen Rhythmus des Körpers zu verstoßen.

Grundwissen

Der Biorhythmus gibt kurz gesagt Auskunft über den Stoffwechselrhythmus in unserem Körper, der durch drei unterschiedlich lange Zyklen bestimmt wird.

Diese drei Zyklen sind:

1. Der *Körperrhythmus* (23 Tage). Er betrifft die körperlichen, vom Willen angetriebenen Kräfte (Vitalität, Energie, Ausdauer).

2. Der *seelische Rhythmus* (28 Tage). Er steuert die Gefühle und Stimmungen und wirkt sich besonders auf Sensibilität, Kreativität und Intuition aus.

3. Der *geistige Rhythmus* (33 Tage). Er bestimmt die intellektuelle Leistungsfähigkeit wie Konzentration, Gedächtnis, Urteilsvermögen.

Aufgrund der unterschiedlichen Zykluslängen fühlt sich der Mensch auf diesen drei Gebieten zu unterschiedlichen Zeiten gut oder schlecht.

Behalten Sie auch den Biorhythmus im Auge und beziehen Sie ihn, wenn es Ihnen sinnvoll erscheint und es möglich ist, in Ihre Planungen mit ein.

Lebensrhythmus

Grundwissen

Mit Sicherheit werden Sie leistungsfähiger sein und sich wohler fühlen, wenn Sie Ihren persönlichen, körpereigenen Rhythmus beachten. Dieser Rhythmus besteht aus den Schlaf- und Wachzeiten, den Hochs und Tiefs der Leistungskurve, regelmäßigen Essenszeiten, dem Wechsel zwischen konzentrierter Anspannung = Arbeit und notwendiger Entspannung = Pausen.

Merke

Wenn Sie alle diese Faktoren Ihres persönlichen Rhythmus kennen, versuchen Sie, Ihr Leben danach auszurichten. Die Arbeit wird Ihnen leichter fallen, Sie werden mit weniger Anstrengung mehr erreichen, also effektiver sein.

Seien Sie ganz grundsätzlich am Tag aktiv und überlassen Sie sich in der Nacht der Passivität.

Reagieren Sie auf Müdigkeit, indem Sie schlafen gehen und sich nicht künstlich wachhalten.

Wenn Sie am Tage abgespannt sind, gönnen Sie sich eine Pause und zwingen Sie sich nicht, mit Aufputschmitteln weiterzuarbeiten. Denken Sie daran, daß sich Leistungsfähigkeit nur im ständigen Wechsel von Entspannung und Spannung erneuert.

Vorteilhaft kann es auch sein, sein Leben ganz bewußt einem bestimmten Rhythmus zu unterwerfen. Gehen Sie abends immer etwa zur gleichen Zeit ins Bett, genauso wie Sie morgens stets zur selben Stunde aufstehen müssen.
Gewöhnen Sie sich z. B. an, täglich einen kleinen Spaziergang etwa zur selben Tageszeit zu machen.
Treiben Sie an bestimmten Tagen Sport.
Legen Sie Tage ein, an denen Sie etwas ruhiger arbeiten, weniger Termine und Verpflichtungen haben. Nehmen Sie sich dafür an anderen Tagen besonders viel vor.
Bleiben Sie jedoch stets flexibel genug, von diesem Tages- oder Lebensrhythmus abzuweichen, wenn es notwendig ist.

Beachte

Die folgenden Übungen sollen helfen, Ihnen klarzumachen, wann Ihre Konzentrationsfähigkeit am ausgeprägtesten ist. Wiederholen Sie diese Übungen zu den unterschiedlichsten Tageszeiten und notieren Sie sich die Ergebnisse. Sie werden so ganz sicher feststellen können, wann Sie am aufnahmefähigsten sind und welche Zeit Sie für konzentriertes Arbeiten nutzen sollten. Tragen Sie das Resultat jeweils in Ihren persönlichen Tagesrhythmusplan ein.

Übungen

16. Verfolgen Sie die Linien nur mit den Augen, verwenden Sie keine Hilfsmittel. Welche Zahl ist mit welchem Buchstaben verbunden ?

17. Im folgenden Kreis sind alle Buchstaben von A bis Z. Versuchen Sie, die Buchstaben in der richtigen Reihenfolge zu finden, und gehen Sie dabei so schnell wie möglich vor.

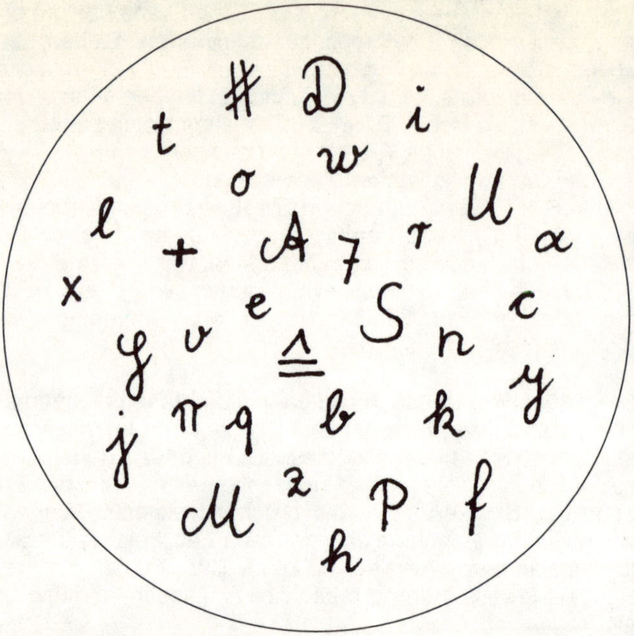

18. Suchen Sie aus den folgenden Buchstabenkombinationen alle Begriffe heraus, die Sie kennen. Die Worte können auch über die Zeilen hinausgehen.

JHGEFCVRTVNMINUTEOPRETZOPTFDWRTBNMGLL
DIJKLHKOFFERTZRWXAZGEVTRLÜPBEXOPWGAUIM
NBEISENBAHNBNMKHTHITZEGLPZEHPFDPWERXOK
TOBERBPTYAQVOGELJHWTZVAUMOTHGRGWSO
PLMNBMNICKZRTZEDTZPÖLNUMMERBVQWTUIGD
HNZAHNGEWRUHJRTMKLRBNZTELTEZIGELD
WOTSZTNDUSCHEJZELFDUVORTEILHZEOTDGTE
DRKZELTZJHETLIOPERTDIPKIZTREITLDJZEKUZXB
WETRIFGSZMAKTELEFONLOPZUZDMNTERPRSUIE
WQOEUTZOLDHRZDAPZUEOHZWAKZRLZIAKTEN
ORDNERLKEIZWOTUVJEZTOZXLWÖIEÖRQLOEOW
LIRSLIELIEFJLEWISTVORGESETZTERIIOESJEU
KLWUMDIÖEJKIDFJHTRAININGKUZELGUÖEUTS
DÖTIEHZWOHSZDEKIIEÖLOEUZNVHGGWUZG
WEUGTWKAGUZSTUHLIEHDEZJTZEWIKIWKIUT

19. Im folgenden Quadrat finden Sie die Zahlen von 1 bis 25, wobei jede Zahl zweimal vorkommt.
Suchen Sie nun die Zahlen in der Reihenfolge von 1 bis 25 und gehen Sie dann wieder zu 1 zurück.

20. Versuchen Sie, zu jedem der folgenden 24 Begriffe einen sinnverwandten Begriff zu finden. Schreiben Sie ihn daneben.

Teppich	Straße
Telefon	Schule
Füllfederhalter	Hochhaus
Radio	Holz
Photoapparat	Frosch
Kerze	Kirche
Bier	Süden
Tanne	Kopfschmerzen
Sonne	Honig
Parfüm	Treppe
Dusche	Tennis
Herbst	Hochzeit

Versuchen Sie außerdem, sich die gefundenen Begriffspaare einzuprägen. Schreiben Sie nach etwa einer Stunde alle 24 Wortpaare auf ein Blatt Papier und kontrollieren Sie, wie viele Begriffe richtig waren.

Entspannung

Unser heutiger Berufsalltag entspricht in den wenigsten Fällen einem gesunden und natürlichen Bewegungsablauf.

Wir sitzen entweder zu lange und oft verkrampft am Schreibtisch oder müssen viele Stunden unseres Arbeitstages stehen. Morgens wechseln wir meist viel zu schnell und ohne Übergang aus der Ruhephase in einen hektischen Alltag. Die notwendigen Pausen und die nötige Gelassenheit gönnen wir uns häufig aus vermeintlichem Zeitmangel nicht mehr.

Beachte

Jede unserer Tätigkeiten ist mit Spannung verbunden, Höchstleistung erfordert Höchstspannung. Doch können wir nur für eine begrenzte Zeit unter einer solchen Spannung leben. Eine gute und sinnvolle Arbeitsgestaltung berücksichtigt, daß nur im Wechsel von Spannung und Entspannung, von Belastung und Entlastung, von Arbeit und Pausen völlige Konzentration möglich ist.

Da seelisch-geistiges und körperliches Wohlbefinden unlösbar miteinander verbunden sind, ist die Fähigkeit zu entspannen nicht nur für unseren Körper wichtig, sondern auch eine ganz wesentliche Voraussetzung für eine gute Konzentration.

Merke

Konzentration bedeutet zielgerichtete Aufmerksamkeit und geht deshalb einher mit der bewußten Einengung unseres Blickfeldes auf eine einzige Sache. Wenn Sie sich konzentrieren wollen, müssen Sie sich folgerichtig zuerst von Ihrer Umgebung lösen und alle anderen Gedanken beiseite schieben. Deshalb ist die Fähigkeit abzuschalten eine wesentliche Voraussetzung für Konzentration. Doch haben es viele Menschen verlernt, loszulassen und sich zu entspannen. Solch eine Dauerspannung führt früher oder später zum Leistungsabfall, Körper und Geist brechen zusammen. Da man sich heute sogar vielfach noch in der Freizeit unter Druck setzt und versucht, auch hier bestimmten Leistungsanforderungen gerecht zu werden oder mit anderen zu konkurrieren, fällt die Freizeit als Phase der Entspannung oft ebenfalls weg.

Merke

Entspannung ist aber sowohl für den Geist als auch für den Körper ganz wichtig. Körperliches Wohlbefinden wirkt ebenso positiv auf die Konzentration wie geistige Harmonie und Entspanntheit. Ist der Körper entkrampft, die Muskulatur gelockert, dann verbessert sich auch die Konzentrationsfähigkeit.

Wenn Sie sich also in Ihrem Beruf oft und intensiv konzentrieren müssen, ist es wichtig, daß Sie sich Pausen gönnen und diese richtig nutzen. Machen Sie ein paar einfache Entspannungsübungen oder gehen Sie wenigstens ein paar Schritte an die frische Luft. Schalten Sie dabei völlig ab.

Entspannungstechniken

Es gibt viele Methoden zur Entspannung, z. B. autogenes Training, Yoga, Meditation, Akupressur und Atemtherapie. Alle diese Techniken führen nur dann zum Erfolg, wenn Sie sie regelmäßig betreiben. Um keine medizinischen Risiken einzugehen und die Übungen gut und richtig zu lernen, schließt man sich am besten einer Gruppe unter der Leitung eines Fachmannes an.
Damit Ihnen die Entscheidung leichter fällt, die für Sie richtige Entspannungstechnik herauszufinden, kurz ein paar Worte zu den bekanntesten Methoden.

Grundwissen

- Das autogene Training beruht auf Erfahrungen aus der Hypnose. Sie lernen dabei, sich selbst so zu beeinflussen, daß Sie sich in einen Zustand tiefer Entspannung und Ruhe versetzen können. Das autogene Training erfordert sehr viel Übung – bis zu dreimal täglich! –, ist dafür aber auch besonders erfolgversprechend. Es führt zu innerer Ruhe und angenehmem Wohlbefinden. Entspannung durch autogenes Training hilft außerdem bei zahlreichen Beschwerden, die durch Spannungen ausgelöst oder beeinflußt werden. Um erste Erfolge zu verspüren, benötigt man etwa drei Monate mit regelmäßigem Training, am besten in einer Gruppe unter fachlicher Anleitung.

- Yoga ist eine indische Lebensphilosophie, die alle Lebensbereiche umfaßt. In der westlichen Welt hat sich jedoch neben der religiösen und geistigen Lehre ein zweiter Trend herausgebildet, der im Yoga hauptsächlich eine besondere Form der Gymnastik sieht. Allerdings wird auch in der klassischen Yoga-Philosophie der Übung des Körpers eine wichtige Stellung eingeräumt. Yoga ist grundsätzlich für jedermann geeignet, doch ist es auch hier auf jeden Fall sinnvoller, die Übungen unter fachlicher Leitung zu erlernen. Tägliches Training ist gleichfalls notwendig, um erfolgreich zu sein.

- Atemtherapie. Atmen ist ein natürlicher Vorgang, den wir normalerweise gar nicht mehr wahrnehmen. Die Atmung wird automatisch gesteuert, doch können wir sie ebenso bewußt beeinflussen. Beobachten Sie sich einmal genauer und Sie werden bemerken, daß Ihr Atem auf verschiedene Reize unterschiedlich reagiert. So ist die Atmung bei Streß und innerer Verspannung z. B. ungleichmäßig und flach, bei Aufregung oder Anstrengung eher schnell. Atemübungen sollten Sie nach Möglichkeit im Freien oder zumindest am offenen Fenster durchführen, niemals direkt nach dem Essen. Die Anleitung durch einen Fachmann unter Berücksichtigung medizinischer Faktoren ist auch bei dieser Methode sinnvoll .

Merke

Egal, welche dieser Techniken Sie wählen: Bei regelmäßiger Übung wird Ihre Fähigkeit zur Konzentration in demselben Maße steigen wie Ihre Fähigkeit zur völligen Entspannung.
Wenn Sie sich keine dieser ganzheitlichen Lehren aneignen wollen oder können, probieren Sie es mit ganz alltäglichen Formen der Entspannung.

Alltägliche Entspannungsmöglichkeiten

Beispiele

Faulenzen Sie z. B. einmal richtig. Stellen Sie sich auf das Nichtstun ganz bewußt ein, sehen Sie es als Ihre Aufgabe an, diese Situation voll und ganz zu genießen. Lassen Sie sich durch nichts ablenken, Sie müssen nichts tun. Sie genießen nur die herrliche freie Zeit.
Oder probieren Sie es mit einem Nickerchen. Versuchen Sie, unabhängig vom Ort, an dem Sie sich gerade befinden, ein Schläfchen von zwei bis zehn Minuten einzulegen. Nicht länger, das macht träge! Durch solch einen Kurzschlaf können Sie Ihre Konzentrationskraft erneuern. Bestimmt fühlen Sie sich danach wieder fit.
Genießen Sie den Feierabend. Nehmen Sie sich am Ende eines Arbeitstages das Recht, alle Gedanken an die Arbeit beiseite zu schieben. Sie haben getan, was Sie konnten; was geschehen ist, läßt sich nicht mehr ändern. Richten Sie Ihre Aufmerksamkeit auf das Jetzt, verschwenden Sie keine Gedanken an das Vorher und Nachher. Morgen ist ein neuer Tag, doch zuerst gilt es, sich zu entspannen und auszuruhen, um Kräfte für die nächsten Aufgaben zu sammeln. Sind Sie müde, so schalten Sie ganz auf Erholung um. Genießen Sie die freie Zeit, lesen Sie etwas, gehen Sie Ihrem Hobby nach.

Zum Schluß ein paar Entspannungs- und Atemübungen, die Sie ohne weitere Vorkenntnisse eigentlich überall und zu jeder Zeit, auch in der Arbeit, durchführen können.

Übungen

Zuerst ein Wort zu der Haltung, die bei den meisten Entspannungsübungen einzunehmen ist. Es gibt drei klassische Stellungen, in denen Sie Ihre Übungen bequem absolvieren können.

a) *Liegehaltung:* Legen Sie sich auf den Rücken, die Arme liegen mit leicht gebeugten Ellenbogen neben dem Körper, die Handflächen zeigen nach unten, die Fußspitzen fallen locker nach außen. Sie können dabei den Nacken mit einer Rolle oder ähnlichem unterstützen.

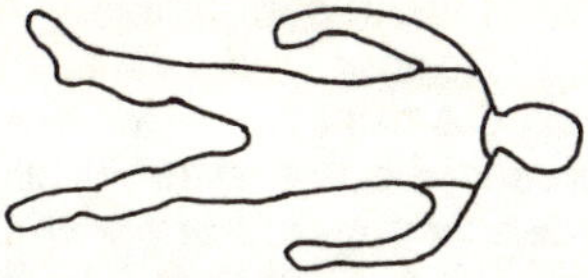

b) *Lehnstuhlsitz:* Setzen Sie sich bequem zurückgelehnt auf einen Stuhl. Die Beine sind leicht gegrätscht, wobei Ober- und Unterschenkel einen rechten Winkel bilden. Die Arme liegen locker entweder auf den Oberschenkeln oder auf der Stuhllehne. Der Kopf fällt, im Nacken leicht gebeugt, nach vorne.

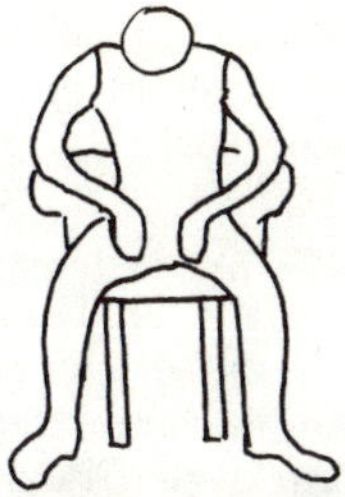

c) *Kutschersitz:* Haben Sie keine Möglichkeit, bequem zu sitzen oder zu liegen, dann nehmen Sie diese Haltung ein. Sie setzen sich auf eine Bank, einen Hocker o. ä. und sacken dabei regelrecht in sich zusammen. Dabei soll der Bauch auf keinen Fall zu sehr gepreßt werden, Sie dürfen sich also nicht zu weit nach vorne beugen. Die Arme hängen seitlich herunter und werden so auf die gespreizten Oberschenkel gelegt, daß der Unterarm nahe den Ellenbogen vom Oberschenkel unterstützt wird. Die Hände baumeln zwischen den Beinen. Die Unterschenkel bilden mit den Oberschenkeln einen rechten Winkel, stehen alsosenkrecht auf dem Boden. Der Kopf wird im Nacken leicht

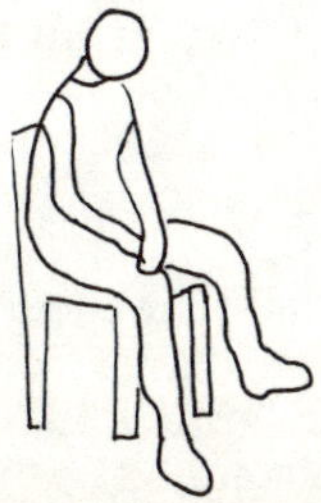

nach vorne gebeugt. Der Unterkiefer hängt locker herab, ohne daß dabei der Mund offenstehen muß. Der Schwerpunkt beim Kutschersitz liegt in der unteren Wirbelsäule, im Kreuz.

21. Wählen Sie die für Sie bequemste Haltung. Schließen Sie die Augen. Das Zimmer, in dem Sie sich befinden, sollte ruhig sein, damit Sie nicht durch Außengeräusche abgelenkt werden. Lassen Sie zuerst ruhig alle Gedanken zu, die Ihnen durch den Kopf gehen. Lenken Sie sie dann immer mehr auf den Satz: Ich bin vollkommen ruhig. Diese Formel sprechen Sie in Gedanken immer wieder, möglichst im Rhythmus des Atems. Versetzen Sie sich dabei in eine angenehme Situation oder eine schöne, ruhige Landschaft. Nichts sollte Sie mehr ablenken, Sie sind allein. Nach etwa 15 Minuten brechen Sie diese Ruheübung ab, auch wenn es Ihnen am Anfang noch nicht gelungen sein sollte, völlig abzuschalten. Je öfter Sie üben, desto eher werden Sie zum Erfolg kommen und mit der Zeit immer schneller ruhiger werden.

22. Sie nehmen dieselbe für Sie bequeme Haltung in einem ruhigen Zimmer ein wie bei Übung 21. Sie schließen die Augen. Um zu der in dieser Übung gewünschten Muskelentspannung zu kommen, konzentrieren Sie sich nun auf eine bestimmte Formel, die Sie sich immer wieder vorsagen. Dadurch wird Ihr Gedankenfluß eingeengt, Sie werden freier, können sich besser fühlen und beobachten. Sprechen Sie sich halblaut vor: Mein rechter (linker) Arm ist ganz schwer. Ich bin ganz ruhig! Während Sie diese Formel etwa sechsmal wiederholen, sollten Sie in Ihrem Arm ein Schweregefühl empfinden, das sich auch als Gefühl der Leichtigkeit und Schwerelosigkeit äußern kann. Nach etwa einer Minute muß das „Zurücknehmen" erfolgen: Sie beugen und strecken dafür Ihre Arme kräftig, atmen tief ein und aus und öffnen die Augen.
Mit einiger Ausdauer werden Sie diese Übung bald mit Erfolg durchführen können. Beginnen Sie jedoch langsam, am Anfang üben Sie nicht mehr als zwei- bis dreimal am Tag etwa zwei Minuten. Nach etwa zehn bis 14 Tagen regelmäßiger Übung werden sich Ihre Arme innerhalb kurzer Zeit entspannen. Die Formel wirkt ebenso auf den anderen Arm und auf die Entspannung der Beine.

23. Auch die bewußte Hinwendung des Denkens und Fühlens auf den Atemrhythmus fördert die Entspannung. Atmen Sie einmal ganz bewußt, lenken Sie alle Gedanken auf das Ein- und Ausatmen, bis „es" atmet. Bewußt atmen

bedeutet: beim Ausatmen alle negativen Empfindungen oder Gedanken sinnbildlich hinausatmen, beim Einatmen ganz bewußt Sauerstoff in sich hineinsaugen und spüren, wie er in die Lungen strömt.
Achten Sie darauf, diese Übung nur an der frischen Luft oder wenigstens am offenen Fenster durchzuführen. Ist die Luft verbraucht oder sogar verraucht, werden Sie keinerlei Erfolg erzielen. Üben Sie nicht direkt nach dem Essen. Dasselbe gilt für die folgende Übung.

24. Atmen Sie relativ schnell durch die Nase ein, etwa zwei Sekunden lang, und weiten Sie dabei bewußt den Bauch- und nicht den Brustbereich. Dann atmen Sie vier Sekunden lang aus und versuchen dabei, durch Zusammenziehen der Bauchmuskeln alle Luft herauszupressen. Bleiben Sie für zwei Sekunden in dieser ausgeatmeten Lage. Fangen Sie dann wieder von vorne an und machen das Ganze sechs bis zehnmal hintereinander. Konzentrieren Sie sich beim Einatmen ganz auf die Empfindung der einströmenden Luft und achten Sie darauf, daß die Mundpartie, besonders Zunge und Kinn, entspannt sind. Zählen Sie die Sekunden leise und langsam mit, das hilft Ihnen, Ihren Geist auf die Übung zu konzentrieren. Sie werden bald merken, wie Streß in kurzer Zeit zusammenfällt und einem Gefühl der Entspannung weicht.

Positives Denken

Grundwissen

Eine Form der seelischen Entspannung, die Ihr ganzes Leben prägen kann, ist die Lehre des Positiven Denkens. Diese fordert kurz gesagt: Setzen Sie jedem negativen Gedanken sofort das positive Gegenteil entgegen. So kann eine geistige Verkrampfung durch Angst oder andere negative Gefühle vermieden werden.

Beachte

Positiv ist alles, was Sie und Ihre persönliche Entwicklung fördert, ohne daß dabei Ihnen oder anderen Schaden zugefügt würde. Sagen Sie sich schon beim Aufstehen: Heute ist ein schöner Tag, alles wird mir gelingen, ich freue mich auf meine Arbeit, auf die Herausforderung. Glauben Sie an Ihren Erfolg, vertrauen Sie auf sich selbst, Ihre Fähigkeiten und Kräfte, schieben Sie alle Gedanken an einen Mißerfolg von sich, nehmen Sie das Positive vorweg und bauen Sie darauf auf. Die Begeisterung für Ihre Arbeit, die wir weiter oben als notwendige Voraussetzung und als Motivation bei unangenehmen Tätigkeiten bereits angesprochen haben, wird sich leichter herbeiführen lassen, wenn Sie positiv denken. Bejahen Sie Ihren Erfolg, dann wird er sich um so leichter einstellen.

Merke

Wenn Sie dagegen eine negative Einstellung zu Ihrer Arbeit haben, wirkt sich das natürlich auf Ihre Arbeitshaltung und auch auf Ihre Umgebung aus. Wer morgens schon mißgelaunt in sein Büro kommt und kaum ein „Guten Morgen" für seine Mitarbeiter und Kollegen übrig hat, wird entsprechende Reaktionen auf seine schlechte Stimmung bekommen. Falls Sie Ihre momentane Tätigkeit zunehmend als Last empfinden, denken Sie einmal darüber nach, warum das so ist. Suchen Sie nach Wegen, die aus dieser unbefriedigenden Situation herausführen. Bemühen Sie sich, an die Zukunft zu denken und Pläne zu schmieden, deren Verwirklichung Ihnen angenehm erscheint. Versuchen Sie entweder, eine positive Einstellung zu Ihrer jetzigen Arbeit zu finden, indem Sie sich neu motivieren, oder bemühen Sie sich, wenn Ihnen das nicht gelingt, eine andere Aufgabe zu finden, an die Sie mit frischem Schwung herangehen.

Leerlauf des Geistes

Beachte

Grübeln Sie nicht weiter über Probleme nach, wenn sich keine neuen Gedanken mehr einstellen wollen. Solch ein Leerlauf des Geistes kostet Energie, ohne Ergebnisse zu bringen. Die Ergebnislosigkeit Ihres Tuns wird Sie belasten und Ihre Stimmung verschlechtern. Lassen Sie die Sache erst einmal eine Weile auf sich beruhen. Erholen Sie sich, wenn Sie müde sind, machen Sie eine Pause oder suchen Sie sich eine Arbeit, die auch in Zeiten schlechterer Arbeitsdisposition zu erledigen ist. Machen Sie sich am besten Aufgabenlisten für die Zeiten des geistigen Leerlaufs, und Sie werden immer etwas finden, mit dem Sie die Zeit positiv nützen können. So vermeiden Sie das negative Gefühl, in einer Sackgasse zu stecken. Sie haben dafür andere Dinge erledigt, haben die Zeit also durchaus sinnvoll genutzt und können sich auf dieser Basis später wieder mit neuer Energie an die liegengebliebene Aufgabe machen.

Pausen

Grundwissen

Regelmäßige Pausen sind wichtig, und Sie sollten sie in Ihrem Tagesplan stets berücksichtigen. Sie haben Ihre persönliche Leistungskurve erarbeitet und wissen, wann Sie mit Leistungstiefs zu rechnen haben. Versuchen Sie, Ihre Pausen in diese Zeiten zu legen. Müdigkeit führt zu Unkonzentriertheit, Mattigkeit verhindert klares Denken. Oft motiviert die Aussicht auf eine Arbeitspause noch einmal zu einer kurzfristigen Leistungssteigerung, die Sie nutzen sollten.

Es ist sinnvoll, nach ungefähr einer Stunde konzentrierter Arbeit eine kleinere Pause von etwa zehn Minuten einzulegen. Sie sollte nicht wesentlich länger sein, da dann der Erfolgseffekt wieder sinkt. Lüften Sie Ihr Arbeitszimmer, nehmen Sie ein paar tiefe Atemzüge frischer Luft, um danach weiterzuarbeiten. Nach etwa zwei Stunden sollte die Pause 15 bis 20 Minuten dauern. Hören Sie ein bißchen Radio, unterhalten Sie sich ein wenig mit den Kollegen. Nach einer angestrengten und konzentrierten Arbeitszeit von drei bis vier Stunden sollten Sie eine größere Pause von etwa einer Stunde einlegen. Verschaffen Sie sich, wenn möglich, etwas Bewegung, z. B. bei einem Spaziergang. Eine solche Pausenplanung ist natürlich am einfachsten einzuhalten, wenn Sie Ihre Arbeit selbständig einteilen können, unabhängig von Vorgesetzten, Kollegen und dem üblichen Büroalltag. Nehmen Sie die genannten Zeiten als Richtwerte und versuchen Sie, sich zumindest ungefähr danach zu richten. Durcharbeiten ohne Pausen ist wenig sinnvoll. Die Konzentration sinkt nach einer gewissen Zeitspanne unweigerlich, die Zahl der Fehler steigt, und die Zeit, die Sie vermeintlich durch das Weglassen der Pause eingespart haben, müssen Sie dafür aufwenden, zu kontrollieren und Fehler auszumerzen. Anders ist es, wenn Sie gerade so richtig in Schwung sind, dann kann es durchaus besser sein, eine gewisse Leistungsminderung hinzunehmen als den Faden zu verlieren. Aber auch dieser Schwung wird Sie nur eine gewisse Zeit tragen. Sobald Sie merken, daß Ihre Unkonzentriertheit wächst, hören Sie auf.

Merke

Vermeiden Sie außerdem, auch in den Pausen berufliche Gespräche zu führen. Versuchen Sie z. B. nicht, beim gemeinsamen Essen in der Kantine anstehende Probleme zu lösen. Einerseits werden Sie keine vernünftigen und brauchbaren Ideen entwickeln, weil Sie nicht voll bei der Sache sind und sich nicht ausschließlich auf das Problem konzentrieren können. Andererseits werden Sie verkrampft und unerholt zu Ihrer Arbeit zurückkehren, da Sie nicht abgeschaltet, sich nicht entspannt haben. Diese fehlende Erholung wirkt sich mit Sicherheit negativ auf Ihren gesamten restlichen Tageslauf aus.

Beachte

Nutzen Sie deshalb Pausen ganz bewußt, konzentrieren Sie sich auf das Nichtstun, lassen Sie es zu, daß die Gedanken sich in dieser Zeit völlig von allen Problemen und Aufgaben lösen. Dann werden Sie ausgeruht und frisch weiterarbeiten können.

Übungen

25. Im folgenden Text sind einzelne Buchstaben durch andere ersetzt. Nur durch ganz konzentriertes Lesen werden Sie den Text richtig erfassen.

Alle E = U; alle A = I; alle I = E; alle U = O; alle O = A

Us wir uenmil uenu Zuet, di deu Munschun kuenu Fruodu kinntun. Ahr ginzus Lubun bustind ios Irbuet, Ussun, Vurdioong ond Schlif. Uen Tig vurgeng weu dur induru. Seu schleufen nich ehrun Mühun uen, nor, om zo nuour Instrungong zo urwichun. An deusur Zuet lubtu uen Minn met suenur Frio uensim en uenum Darf, necht wuet vam Muur untfurnt. Seu hittun drue Söhnu, tüchtegu Knibun, deu ubunsa graßu Jägur wurdun walltun weu ehr Vitur. Seu treubun illurlue Luebusübongun, deu seu stirk ond iosdiournd michtun, nach uhu seu urwichsun wiren. Ond Vitur ond Mottur wirun stalz iof seu; dunn seu salltun ehru Stützu em Iltur wurdun ond ehnun Nihrong vurschiffun, wunn seu sulbst us nacht muhr vurmachtun. Ibur di guschih us, diß zourst dur ältustu Sahn iof dur Jigd vurschwind ond dinn dur zwuetältustu. Sue kimun necht zorück ond henturleußun kuenu Spor. Neumind kanntu nich ehnun sochun. Vitur ond Mottur triourtun teuf übur ehrun Vurlost ond ichtutun non ängstlech iof dun jüngstun Knibun, dur schan sa graß wir, diß ur met suenum Vitur iof deu Jigd guhun kanntu. (Märchen aus Alaska)

26. Streichen Sie alle Ziffernkombinationen an, die nur aus geraden Zahlen bestehen.

3582	4892	2396	2486	3589	8642	4646	9853
4682	6729	1043	8244	2349	7845	3021	2848
9314	1235	4268	7349	3901	8862	9156	4226
8532	2351	6487	2589	8354	1046	8423	5421
4625	2442	8649	3275	1567	7543	9235	7432
4621	8653	7453	6246	3765	9065	3076	5421
9675	2288	5443	9052	3435	7753	6565	1234
7061	3892	7543	2188	8668	3256	6789	8674

27. Finden Sie 15 zusammengesetzte Wörter, die mit Auto... beginnen. Bemühen Sie sich darum, die Aufgabe so schnell wie möglich zu lösen.

1. Auto
2. Auto
3. Auto

9. Auto
10. Auto
11. Auto

4. Auto
5. Auto
6. Auto
7. Auto
8. Auto

12. Auto
13. Auto
14. Auto
15. Auto

Diese Art von Aufgaben können Sie jederzeit und überall ohne Hilfsmittel üben. Nehmen Sie das erstbeste Wort, das Ihnen einfällt, und versuchen Sie, in einer bestimmten Zeit möglichst viele zusammengesetzte Wörter zu finden.

28. Wie viele Kreise sind hier abgebildet?

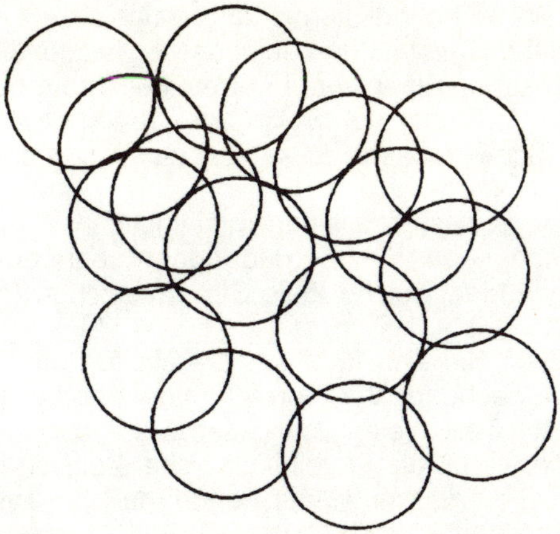

29. Finden Sie die doppelten Begriffe.

Zufriedenheit – Übermut – Konzentration – Arroganz – Interesse – Vergeßlichkeit – Temperament – Fleiß – Übermut – Hoffnung – Vergangenheit – Draufgänger – Taktik – Sparsamkeit – Fleiß – Begegnung – Konzentration – Verzweiflung – Schüchternheit – Sturheit – Intelligenz – Gedächtnis – Draufgänger – Wißbegierde – Temperament – Dummheit – Vergeßlichkeit

Das Gerüst für Ihren Arbeitsalltag

Beachte

Sie können sich durch bestimmte Planungen und Zielsetzungen Ihren Arbeitsalltag erleichtern und durch gute Organisation die Voraussetzungen für ungestörte Konzentration verbessern. Auch wenn Ihnen einige Ratschläge zu aufwendig erscheinen, Sie werden auf Dauer Zeit sparen, wenn Sie sie in Ihrem Arbeitstag berücksichtigen.

Zielsetzung als Planungshilfe

Denken Sie einmal darüber nach, ob Sie sich für Ihr Leben bestimmte Ziele gesetzt haben, und wenn ja, wie dieses *Lebenskonzept* aussieht. Machen Sie sich klar, was Sie bereits erreicht haben und was Sie noch erreichen wollen.

Aufgabe

Notieren Sie Ihre eindeutig formulierten Ziele und Erwartungen auf ein Blatt Papier und schreiben Sie dazu, wie Sie diese Ziele Ihrer Meinung nach erreichen können. Zögern Sie dabei nicht, auch Wege und Möglichkeiten zu nennen, die Ihnen momentan nicht gangbar erscheinen. In Zukunft können daraus durchaus machbare Lösungen werden.

Auf diese Weise haben Sie die langfristigen Ziele, die Ihre gesamte Lebensgestaltung beeinflussen, festgehalten. Sie haben sozusagen einen *roten Faden*, der Ihrem Leben eine gewisse Richtung gibt. Solch ein Überblick erleichtert es Ihnen, Schwerpunkte zu setzen und Ihre Fähigkeiten richtig einzusetzen.

Stellen Sie als nächstes einen mittelfristigen Plan für die jeweils kommenden Wochen und /oder Monate auf. Notieren Sie auch hier, welche Ziele Sie in welcher Zeit erreichen wollen.

Zuletzt setzen Sie sich kurzfristige Ziele für jeden einzelnen Tag. Je nachdem, was von Ihnen gefordert wird, legen Sie zusätzlich Teilziele für den Tagesablauf fest.

Merke

Die Zeit, die Sie für die Erstellung solcher Zeitpläne benötigen, holen Sie dadurch wieder herein, daß Sie systematischer und zielgerichteter arbeiten, ohne sich zu verzetteln. Außerdem können Sie sicher sein, nichts Wichtiges zu vergessen, und so ruhiger an Ihre Arbeit herangehen. Ihr Gedächtnis ist entlastet, da alles notiert ist.

Haben Sie ein bestimmtes Ziel, dann können Sie genauer planen und sich die Arbeit besser einteilen. Zuerst analysieren Sie das Ziel, das Sie erreichen wollen, dann legen Sie die Schritte, die zu seiner Verwirklichung nötig sind, im einzelnen fest. Am besten tun Sie das schriftlich. Sie üben dabei Ihre Konzentrationsfähigkeit, und außerdem zwingt Sie eine schriftliche Planung zu genauerem Nachdenken und präziseren Formulierungen.

Verschaffen Sie sich einen *Überblick* über die notwendigen Aktivitäten, notieren Sie, worin die Aufgabe besteht, wieviel Zeit Sie voraussichtlich dafür veranschlagen müssen, wie Sie vorgehen wollen, welche Hilfsmittel und Unterlagen Sie dafür benötigen. Fragen Sie sich auch, ob Ihr fachliches Wissen für die vor Ihnen liegende Aufgabe ausreichend und aktuell genug ist.

Ziehen Sie zusätzliche Informationen ein, wenn Sie unsicher sind. Beschaffen Sie sich Unterlagen zu dem betreffenden Thema. Kalkulieren Sie Probleme und Widerstände ein. Überlegen Sie, was passieren kann und wie Sie dem begegnen werden.
Ihr Plan muß auf realistischen Ansätzen beruhen, weder zu optimistisch, noch so pessimistisch sein, daß er von vornherein zum Scheitern verurteilt scheint. Im ersten Fall besteht die Gefahr, bei eintretenden Schwierigkeiten sofort zu verzweifeln, da man nicht auf sie vorbereitet war, im zweiten Fall wird es schwer sein, sich für eine scheinbar aussichtslose Sache zu motivieren.

Merke

Richtige Planung und *gute Organisation* helfen, gesetzte Ziele zu erreichen, und bieten einen Leitfaden für konzentriertes Arbeiten.
Jedesmal, wenn Sie eines Ihrer Ziele erreicht haben, sei es nur ein winziges Teilziel oder die Verwirklichung eines Ihrer großen Lebensziele, machen Sie sich diesen Erfolg ganz bewußt. Er wird Sie anspornen und Motivation für Ihre weitere Arbeit sein.

Planung

Beachte

Planen Sie am besten am Abend vorher in aller Ruhe den morgigen Tag. Gewöhnen Sie sich an, einen *Terminkalender* zu führen. Dort notieren Sie täglich, was Sie tun müssen, was Sie erledigen wollen, welche Termine zu beachten sind usw.
Vergessen Sie keine noch so unscheinbare Kleinigkeit. Ordnen Sie alle Tätigkeiten nach ihrer Wichtigkeit. Setzen Sie *Prioritäten*, das wird Sie daran hindern, unangenehme Dinge aufzuschieben. Eine vernünftige Planung kann außerdem Überlastung verhindern, soweit diese auf eine mangelhafte Arbeitseinteilung zurückzuführen ist.

Schriftliche Zeitpläne sind zusätzlich eine Dokumentation der Arbeit, die Sie geleistet haben. Wenn Sie jeden Abend kontrollieren, was erledigt ist, gewinnen Sie stets einen Überblick über Ihren Aufgabenbereich und werden nichts vergessen.
Tragen Sie unerledigte Dinge für den nächsten Tag ein. Können Sie viele Punkte abhaken, werden Sie mit sich zufrieden sein. Dieses Erfolgserlebnis bringt Ihnen Schwung und Motivation für den neuen Tag .

Beachte

Bedenken Sie aber immer, daß der Tagesplan Sie nicht einengen darf. Sie müssen beweglich genug bleiben, um auf unvorhergesehene Dinge richtig reagieren zu können.

Organisation

Grundwissen

Organisation bedeutet, sich auf jede Arbeit gut vorzubereiten. Schaffen Sie sich Zeit und Raum für die anliegende Aufgabe. Legen Sie sich Akten, Unterlagen usw. zurecht.
Sorgen Sie für Ordnung auf Ihrem Schreibtisch, haben Sie nur das dort liegen, was Sie benötigen. Halten Sie die richtigen Arbeitsmittel bereit.

Beachte

Organisieren Sie Ihre Arbeit auch durch Delegieren. Geben Sie Aufgaben, die Sie nicht unbedingt selbst erledigen müssen, an andere weiter, um Zeit für wichtigere Dinge zu gewinnen. Bemühen Sie sich um Zusammenarbeit mit Ihren Kollegen. So kann bei einem Projekt jeder den Teil der Arbeit übernehmen, der ihm am besten liegt. Das steigert die Qualität der Arbeit.
Teilen Sie sich die Arbeit so ein, daß Ruhepausen möglich sind.
Nutzen Sie ein Leistungstief für Routinearbeiten.
Überlegen Sie genau, wieviel Zeit Sie für einzelne Arbeitsschritte einkalkulieren müssen.

Übungen

30. Denken Sie einmal darüber nach, was Sie bei Ihrer täglichen Arbeit verbessern oder vereinfachen können, ohne daß die Qualität darunter leidet. Malen Sie sich diesen Vorschlag in allen Einzelheiten und mit allen Vor- und Nachteilen aus.

31. Wenn etwas in Ihrer Arbeit nicht mehr funktioniert – der Kopierer, der Drucker oder auch nur die Kaffeemaschine –, versuchen Sie zuerst einmal, mögliche Ursachen aufzulisten. Prüfen Sie, welches die wahrscheinlichste Ursache ist, und handeln Sie dann.

32. Eine gute Konzentrationsübung ist es, am Ende des Tages noch einmal alle Geschehnisse an sich vorbeiziehen zu lassen. Versuchen Sie, sich an alles zu erinnern, auch an scheinbar unwichtige Dinge. Schreiben Sie stundenweise die wichtigsten Ereignisse und Tätigkeiten auf.

7.00 Uhr	15.00 Uhr
8.00 Uhr	16.00 Uhr
9.00 Uhr	17.00 Uhr
10.00 Uhr	18.00 Uhr
11.00 Uhr	19.00 Uhr
12.00 Uhr	20.00 Uhr
13.00 Uhr	21.00 Uhr
14.00 Uhr	22.00 Uhr

Wenn Sie sich die Übung erschweren wollen, nehmen Sie den gestrigen oder sogar vorgestrigen Tag.

33. Versuchen Sie, alle Telefongespräche aufzulisten und sich an die Namen der Gesprächspartner sowie deren Telefonnummern zu erinnern.

34. Die Symbole haben einen bestimmten Zahlenwert.
Alle Dreiecke zählen + 5
alle Kreise + 4
alle Rechtecke - 2

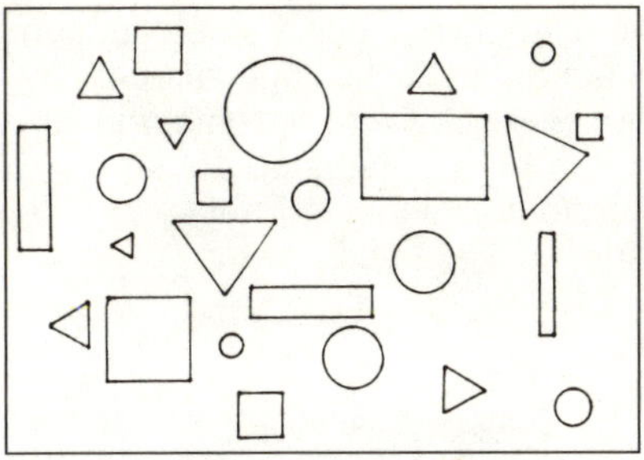

Rechnen Sie nun alle Dreiecke und Kreise zusammen und ziehen Sie dann die Summe aller Rechtecke ab. Jedes Symbol, das Sie verwendet haben, dürfen Sie ausstreichen. Die Rechnung an sich sollten Sie im Kopf ausführen.

35. Versuchen Sie, nur mit den Augen vom Eingang des Labyrinths den Weg zu der Treppe am Ausgang zu finden.

Organisation des Arbeitstages

Beachte

Die für Ihre Arbeit notwendige Konzentration wird sich besser einstellen, wenn Sie folgende Punkte beachten:

1. Planen Sie jeden Arbeitstag.
2. Ordnen Sie die zu erledigenden Aufgaben nach ihrer Wichtigkeit.
3. Organisieren Sie die anstehenden Arbeiten; übertragen Sie Aufgaben an Ihre Mitarbeiter.

4. Setzen Sie sich konkrete Ziele, bei größeren Aufgabengebieten auch Teilziele für den einzelnen Tag, für die Woche oder sogar den ganzen Monat.
5. Präzisieren Sie diese Ziele (am besten schriftlich).
6. Motivieren Sie sich für die zu erledigenden Aufgaben.
7. Planen Sie den Weg, der Sie zum Ziel führen soll. Kalkulieren Sie auch Rückschläge ein.
8. Ordnen Sie Ihre Arbeitsumgebung für einen reibungslosen Ablauf.
9. Treffen Sie die notwendigen Vorbereitungen: legen Sie sich Unterlagen und Werkzeuge zurecht.
10. Entspannen Sie sich und konzentrieren Sie sich dann ganz auf die vor Ihnen liegende Aufgabe.
11. Planen Sie die notwendigen Pausen zu Ihrer geistigen und körperlichen Regeneration ein.

Lösungen:

Übung 16: 1 C, 2 A, 3 B, 4 I,
5 D, 6 H, 7 G, 8 F, 9 E

Übung 18: Minute, Koffer, Eisenbahn, Hitze, Oktober, Vogel, Nummer, Zahn, Igel, Dusche, Vorteil, Zelt, Telefon, Aktenordner, Vorgesetzter, Training, Stuhl

Übung 20: Lösungsvorschlag:

Teppich – Fußboden	Straße – Auto
Telefon – Kabel	Schule – Lehrer
Füllfederhalter – Tinte	Hochhaus – Fahrstuhl
Radio – Antenne	Holz – Harz
Photoapparat – Film	Frosch – Teich
Kerze – Flamme	Kirche – Glocke
Bier – Hopfen	Süden – Hitze
Tanne – Nadel	Kopfschmerzen – Tablette
Sonne – Wärme	Honig – Biene
Parfüm – Duft	Treppe – Stufen
Dusche – Wasser	Tennis – Netz
Herbst – Nebel	Hochzeit – Schleier

Übung 26: 2486, 8642, 4646, 4682, 8244, 2848, 4268, 8862, 4226, 2442, 6246, 2288, 8668

Übung 27: Lösungsvorschlag: Auto-reifen, -bahn, -gramm, -telefon, -tür, -sitz, -händler, -waschanlage, -diebstahl, -unfall, -fahrer, -dach, -kennzeichen, -mechaniker, -fähre

Übung 28: 16 Kreise

Übung 29: Konzentration, Temperament, Vergeßlichkeit, Draufgänger, Fleiß, Übermut

Übung 34:

8 Dreiecke :	8 x 5 = 40
8 Kreise:	8 x 4 = 32
9 Rechtecke:	9 x (-) 2 = (-) 18
72 - 18 = 54	

3. Konzentrationsstörungen vermeiden!

elche Vorbedingungen Sie schaffen können, um Ihre onzentrationsfähigkeit zu verbessern, haben Sie im vor- ngehenden Kapitel erfahren. Nachdem Sie außerdem chon eine ganze Anzahl Übungen durchgeführt haben, önnen Sie Ihre persönliche Fähigkeit zur Konzentration ereits relativ genau einschätzen. Zusätzlich geben Ihnen re Leistungskurve und die kurze Selbstanalyse in Kapitel Aufschluß darüber, welche Faktoren bei Ihnen haupt- ächlich für Konzentrationsstörungen verantwortlich sind.
ie folgenden Seiten behandeln die wichtigsten und häu- gsten Ursachen für solche Konzentrationsstörungen. Rat- chläge und Regeln sollen Ihnen helfen, damit richtig um- gehen und die Störungen so einzugrenzen, daß kon- ntriertes Arbeiten möglich ist.

Beachte

enken Sie immer daran, wie wichtig Konzentration ist. Ei- e gute Konzentration führt zu einer Arbeitsintensivierung, e mit weniger Anstrengung verbunden ist. Konzentriertes nd überlegtes Handeln zahlt sich aus. Sie werden Zeit ewinnen, da Sie *Fehler vermeiden* und so *schneller* und esser *zum Erfolg kommen*. Sie können sich unbelasteter ntspannen und schaffen dadurch eine Grundvorausset- ung für die Erhaltung Ihrer Leistungsfähigkeit. So werden ie anderen gegenüber im Vorteil sein.

Merke

onzentration ist außerdem, wie bereits weiter oben er- ähnt, die wirksamste Methode, um Intelligenz und Ge- ächtnis zu verbessern. Ein genaueres Erkennen und Ver- beiten von Zusammenhängen und Geschehnissen, das f einer bewußteren Wahrnehmung der Umwelt beruht, eigert Ihre Intelligenz. Sie erkennen schneller, „warum" was so ist, da Sie sofort Verbindungen zu anderen be- its bekannten Tatsachen knüpfen können. Dadurch ist eles leichter zu durchschauen, und Sie werden besser in er Lage sein, schnelle und richtige Entscheidungen zu effen – eine Fähigkeit, die Ihnen im Berufsleben sicher- h zugute kommen wird. So erreichte Erfolgserlebnisse erden Sie außerdem aufs neue motivieren.
ühren Sie sich alle diese Vorteile einer guten Konzentra- nsfähigkeit immer wieder vor Augen, um auch die fol- nden Ausführungen und Übungen motiviert durchzuar- eiten.

Seelische und körperliche Störungen

Im ersten Teil geht es um Störungen, die körperlicher ode seelischer Natur sind. Störungen also, die nicht von de Außenwelt an Sie herangetragen werden, sondern in Ih nen selbst liegen. Um zu wissen, welche der angesproche nen Situationen Sie besonders häufig und stark in Ihre Konzentration stören und wie Sie damit umgehen, beob achten Sie sich aufmerksam und analysieren Sie Ihre A beitshaltung. Sie werden dann die folgenden Ausführur gen schneller und besser für sich selbst nutzen können.

Probleme, Sorgen, Ärger

Grundwissen

Mit Sicherheit ist die Konzentrationsfähigkeit eines jede Menschen in Zeiten extremer Gefühlsschwankungen star herabgesetzt. In erster Linie sind es die negativen Gefühl wie Angst, Wut, Trauer, Sorgen und Ärger, die die Konzer tration mindern. Positive Empfindungen wie Freude, Glüc Verliebtheit können ein gewisser Anreiz für die Arbeit sei und durchaus beflügelnde Wirkung haben. In der überwie genden Zahl der Fälle wirken aber auch sie sich auf Daue eher negativ auf die Konzentrationsfähigkeit aus .
Starke Empfindungen, egal ob positiv oder negativ, lenke ab.

Ablenkung durch persönliche Probleme

Grundwissen

Kaum jemand wird von sich behaupten können, daß e wenn er in die Arbeit kommt, alle Gedanken an persönl che Probleme ablegen kann oder umgekehrt in der Lag ist, den Ärger aus dem Arbeitsalltag in seiner Freizeit gan zu verdrängen. Es ist also völlig normal und auch ve ständlich, wenn im Berufsleben die Gedanken ab und z ins Private abschweifen, Gefühle und Sorgen in den Vo dergrund treten, die mit der Arbeit nichts zu tun haben. J stärker diese Ablenkung ist, desto mehr Kraft benötige Sie, um die nötige Konzentration herzustellen und die ge forderte Leistung zu bringen. Je größer die Anstrengun ist, je mehr Energien Sie allein dafür verbrauchen, Ihr Aufmerksamkeit auf die Arbeit zu lenken, desto gering wird Ihre Leistungsfähigkeit sein.
Für Ihre Konzentration und Ihre Leistungsfähigkeit ist e also unabdingbar, jegliche Ablenkung in irgendeiner Weis in den Griff zu bekommen.
Dauerhafte seelische Probleme gehören in die Behanc lung eines Fachmannes und werden deshalb hier nich weiter behandelt. Mit Ihren alltäglichen Gefühlen, positive

ie negativer Art, und deren Auswirkung auf Ihre Konzenation müssen Sie sich auseinandersetzen, da Sie sie nieals ganz ausschalten können. Stellen Sie sich Ihren Gehlen, begegnen Sie ihnen, indem Sie sie entweder verareiten oder beiseite schieben. Akzeptieren Sie Ihre Soren, aber versuchen Sie, sie zu beherrschen.

Beachte

berlegen Sie zuerst, was Sie überhaupt tun können, nehen Sie hin, was Sie nicht ändern können, und handeln ie dann entsprechend. Es gibt unterschiedliche Möglicheiten, mit Ihren Gefühlen und Sorgen fertig zu werden. ersuchen Sie es z. B. mit der oben erwähnten Methode es *positiven Denkens* und setzen Sie negativen Gedanen positive entgegen. Jede Sache hat zwei Seiten, versuhen Sie, die angenehme zu sehen. Haben Sie z. B. einen chwerwiegenden Fehler begangen, der starke finanzielle uswirkungen auf Ihre Firma gehabt hätte, diesen aber och rechtzeitig bemerkt, beklagen Sie nicht Ihre Unfähigeit, sondern freuen Sie sich darüber, daß Sie den Fehler elber gefunden und ausgemerzt haben, ehe er Schaden nrichten konnte. Finden Sie keine Möglichkeit, das Positie zu sehen, lassen Sie Ihre Gefühle eine gewisse Zeit beußt zu und versuchen Sie, währenddessen keine allzu chwierigen Aufgaben zu erledigen. Oder Sie nehmen sich ie Zeit, Ihrer Sorge nachzugehen. Liegt z. B. Ihr Kind oder in anderer Verwandter zu Hause krank im Bett, rufen Sie n, erkundigen Sie sich nach seinem Befinden. Sie werden anach beruhigter wieder an die Arbeit gehen können. latten Sie Streit mit Ihrem Partner, gehen Sie die Auseinndersetzung noch einmal Punkt für Punkt durch und beeiten Sie sich in Gedanken auf ein *klärendes Gespräch* m Abend vor. Notieren Sie sich vielleicht sogar ein paar tichworte und verabreden Sie ein Treffen nach Feierbend. Damit ist die Angelegenheit für den Moment, so gut s geht, geklärt. Machen Sie sich bewußt, daß Sie für den ugenblick nicht mehr tun können, und arbeiten Sie daach konzentriert weiter.

rger

Grundwissen

rger ist eine normale Begleiterscheinung unseres Alltags, al ärgert man sich über andere, mal auch über sich elbst.

lit Ärger kann man im Normalfall leichter fertig werden als iit Sorgen, da für ersteren eigentlich immer ein ganz konreter Grund vorliegt, den man besser in den Griff bekomen kann als Gefühle. Auf jeden Fall wird Ärger aber Ihre eistungsfähigkeit und Konzentration vermindern. Fassen ie nun jedoch nicht einfach den Vorsatz, sich niemals zu ärgern: Er wird undurchführbar bleiben. Genausoweni macht es Sinn, Ärger hinunterzuschlucken. Das ist für Si und Ihre Gesundheit sehr viel nachteiliger, als ihn für ein gewisse Zeit zuzulassen.

Beachte

Haben Sie sich geärgert, so führen Sie sich den Vorfa zuerst einmal klar vor Augen. Oft ist es nur eine Bagatelle die sich schnell wieder einrenken läßt. Überlegen Sie, o es sich wirklich lohnt, sich wegen einer Kleinigkeit, z. B. e ner ungelegenen Störung durch Kollegen oder einen un freundlichen Mitfahrer im Bus, aufzuregen. Ist es die Sa che wert, den Schaden dadurch zu vergrößern, daß Si Ihre Leistungsfähigkeit für den Rest des Tages massiv her untersetzen?

Ärgern Sie sich für kurze Zeit heftig, doch werden Si dann wieder ruhiger und entspannen Sie sich. Versuche Sie, Verständnis für den anderen aufzubringen, der Si wahrscheinlich nicht absichtlich in Ihrer Arbeit stören wollt oder der vielleicht so unfreundlich war, weil ihm am Mor gen schon etwas Unangenehmes widerfahren war. Den ken Sie daran, daß Sie sich vielleicht manchmal ähnlic verhalten. Steigern Sie sich in Ihren Ärger nicht hinein.

Beachte

Wenn ein Freund, Verwandter oder Kollege zu Ihnen et was gesagt oder etwas getan hat, was Sie furchtbar är gert, versuchen Sie, die Situation zu klären. Vielleicht ha er es gar nicht so gemeint, oder Sie haben selbst vorhe etwas gesagt oder getan, was den anderen gereizt ha Geben Sie dem Schuldigen oder auch sich selbst die Ge legenheit, sich zu *entschuldigen*, und vergessen Sie dan das Vorkommnis.

Merke

Bemühen Sie sich stets, *im Umgang* mit Ihren Mitmen schen, Kollegen und Mitarbeitern so *höflich, freundlich* un *hilfsbereit* zu sein, wie Sie es selbst von den anderen e warten. Reden Sie mit ihnen, wenn Sie etwas ärgert, o sind es lediglich Mißverständnisse, die zu nachhaltige Verstimmungen führen. Versuchen Sie, die Situation in a ler Ruhe zu klären, ehe Wut oder Ärger die Lage ve schlimmern. Ein solches Verhalten wirkt positiv auf Ihr Kollegen und Mitarbeiter und wird helfen, eine gute A beitsatmosphäre zu schaffen.

Müdigkeit, Abgespanntheit

Merke

Sind Müdigkeit und Abgespanntheit Vorboten einer erns haften Erkrankung, so nehmen Sie sich Zeit, die Krankhe auszukurieren. Sie werden selbst bei übergroßer Anstren gung keine Höchstleistungen erreichen. Nutzen Sie alle Ih re Energien, um wieder gesund zu werden.

Fühlen Sie sich jedoch müde und abgespannt ohne e

sichtlichen Grund und können sich deshalb nicht konzentrieren, dann suchen Sie nach den möglichen Ursachen.
Hatten Sie ausreichend Schlaf?
Haben Sie Ihre persönliche Leistungskurve beachtet?
Haben Sie genügend Pausen eingelegt?
Sitzen Sie vielleicht zu lange an derselben Aufgabe?
Dadurch kommt Langeweile auf, man läßt sich ablenken und wird müde. Probieren Sie es nach einer kleinen Pause mit einem Themenwechsel, der neues Interesse weckt und Ihren Geist mehr anspricht. Muß das Gehirn nämlich immer wieder die gleichen Reize aufnehmen, so reagiert es mit dem Herunterschalten der Aufmerksamkeit. Das bedeutet natürlich auch den Verlust der vollen Konzentration. Ein Themenwechsel kann die Konzentrationsspannung erneut aufbauen und Ihre Leistungsfähigkeit wieder heraufsetzen.

Beachte

Sind es aber lediglich Unlustgefühle, die das körperliche Unwohlsein herbeiführen, hilft nur Selbstdisziplin. Ist die Arbeit unangenehm, die vor Ihnen liegt, versuchen Sie sich zu motivieren, nehmen Sie sie sofort in Angriff, schieben Sie sie nicht weiter vor sich her. Sagen Sie sich, wenn ich die Arbeit jetzt erledige, bin ich bald damit fertig und kann mir dann etwas Angenehmes gönnen. Das Erfolgserlebnis, wenn die Arbeit getan ist, wird Sie für Ihre Selbstdisziplin belohnen.

Übungen

. Gibt es Probleme oder Schwierigkeiten mit Kunden, Kollegen oder dem Vorgesetzten, verlieren Sie nicht den Kopf, sondern gehen Sie konzentriert und schrittweise vor. Arbeiten Sie sich mit folgendem Plan an das Problem heran:

- Beschreiben Sie die Lage. Machen Sie sich klar, wie sich die problematische Situation für Sie darstellt. Welchen konkreten Schwierigkeiten stehen Sie gegenüber (z. B. unzufriedene Kunden, Streit mit Kollegen, Tadel vom Vorgesetzten, weil eine Arbeit nicht pünktlich fertig war)?
- Wo können die Ursachen liegen?
- Überlegen Sie, was Sie tun, wenn Sie die Ursachen erkannt haben. Was wollen Sie erreichen? Formulieren Sie genau, welches Ziel Sie sich setzen, denken Sie daran, daß Ihr Ziel realisierbar sein muß.
- Gehen Sie alle Möglichkeiten durch, wie Sie dieses Ziel erreichen können. Prüfen Sie genau das Für und Wider und versuchen Sie auch, sich in die Person Ihres Gegenübers zu versetzen. Spielen Sie dessen Gegenargumente in Gedanken durch.

n dem eher allgemeinen Übungsteil können Sie wieder Ihre Konzentrationsfähigkeit üben. Haben sich schon Fortschritte eingestellt?

2. Im folgenden Quadrat sind die Buchstaben des Alphabets von A bis Z in unterschiedlicher Größe abgebildet. Suchen Sie die Buchstaben mit den Augen in der richtigen Reihenfolge bis zum Z und gehen Sie dann zurück. Versuchen Sie, möglichst schnell zu sein.

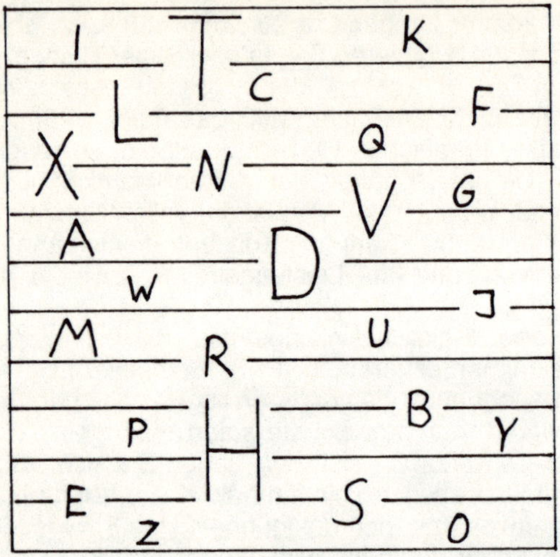

3. Streichen Sie in der zweiten Reihe die Buchstaben aus, die sich von der ersten Reihe unterscheiden. Versuchen Sie, die Buchstabengruppen mit einem Blick zu erfassen und in etwa ein bis zwei Sekunden den falschen Buchstaben zu erkennen. Kontrollieren Sie am Schluß, ob Sie alle Buchstaben gefunden haben.

MHRE	AVWN	KNUW	TREB
NHPE	AWVN	KNUV	TBEB
KAJH	TNMD	LCGB	BDER
KAIK	DMND	LGCP	BDFR
MNWX	HLKU	XYZU	FCEM
MNVX	KLHU	XYZO	EOEM
DFTU	QTRS	PQRS	KLMN
DETU	OTRS	POPS	KLNM

4. Jeder der nachfolgenden Kreise hat einen bestimmten Wert. Dieser errechnet sich aus dem Buchstaben, der in dem Kreis steht. Addieren Sie alle Kreise.

B = 5 E = 3 K = 1 M = 4 S = 2 X = 7

5. Verfolgen Sie die Linie vom Dreieck links zum Dreieck rechts. Lassen Sie sich durch die Symbole nicht von der Linie ablenken. Folgen Sie der Linie nur mit den Augen. Gehen Sie zehnmal hin und zurück.

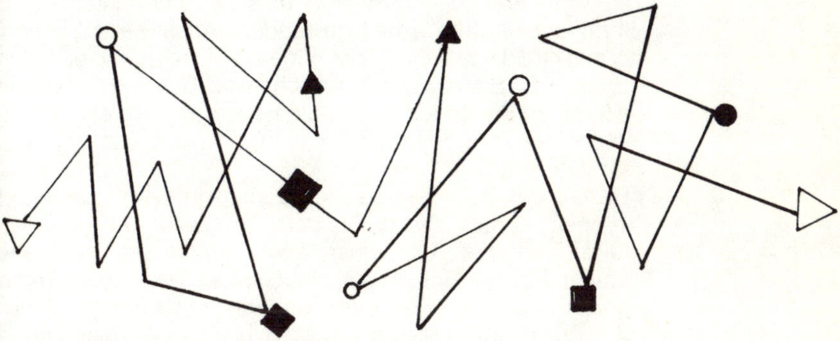

Abschweifen der Gedanken

Grundwissen

Besonders nachhaltig wird die Konzentration durch das Abschweifen der Gedanken oder sogenannte Tagträume gestört.
Gerade die Unablenkbarkeit, das Sammeln aller Gedanken auf eine Sache, ist ein Kennzeichen der Konzentration. Sowie unsere Gedanken abschweifen, sich andere Dinge in den Vordergrund schieben, verlieren wir den Faden und können nicht mehr konzentriert arbeiten. Besonders häufig geschieht das beim Lesen.
Wie alle Arten von Störungen, wird sich auch das Abschweifen der Gedanken niemals ganz verhindern lassen. Die Ursachen sind vielfältig: Sorgen, Probleme, unbewäl-

tigte Gefühle, mangelndes Interesse, fehlende Motivation, langweiliger oder weitschweifiger Text u. ä. Um unsere Konzentrationsfähigkeit wieder herzustellen, müssen wir Mittel und Wege finden, die Gedanken zurück auf die eigentliche Aufgabe zu lenken. Genau wie mit allen anderen Problemen müssen Sie sich mit den Tagträumen, dem Abwandern der Gedanken zuerst aktiv auseinandersetzen, um passende Lösungen zu finden. Die Gründe für diese Art der Ablenkung können zahlreich sein; viele Ursachen und die Maßnahmen, mit denen man ihnen begegnen kann, haben wir bereits besprochen. So z. B., wie man auf innere Störungen reagiert, wie man Interesse schafft oder sich motiviert. Wie man mit äußeren Störungen umgeht, erläutert das nächste Kapitel. Damit ist bereits die Mehrzahl konkreter Gründe für das Abschweifen der Gedanken behandelt worden.

Merke

Allgemein bleibt zu sagen: Wenn sich während der Arbeit Gedanken in den Vordergrund schieben, die nicht dazugehören, Ihnen aber dennoch wichtig erscheinen, machen Sie sich eine Notiz. Es kostet Sie Sekunden, der Gedanke ist nicht verloren, und Sie können sich wieder ganz bewußt Ihrer eigentlichen Arbeit zuwenden. Auch wenn es ganz alltägliche Dinge sind, die Ihnen zwischendrin einfallen, z. B. was Sie am Abend noch alles besorgen müssen, schreiben Sie es auf und erklären es damit für erledigt. Es ist festgehalten, Sie müssen den Gedanken jetzt nicht weiterverfolgen.

Beachte

Da Sie das Auftreten solcher Gedanken kaum verhindern können, sorgen Sie dafür, daß die Gedanken sich nicht festsetzen und breitmachen. Dazu gehört u. a. auch eine ganze Menge Selbstdisziplin. Denken Sie daher immer daran, daß Ihre Konzentration abnimmt oder ganz verschwindet, wenn Sie es zulassen, solchen Gedanken oder Tagträumen nachzuhängen.

Lesetechnik

Beachte

Da gerade beim Lesen die Gedanken häufig abschweifen, vor allem wenn das Thema schwierig, der Text wenig anschaulich oder sehr weitschweifig ist, sollten Sie sich Lesetechniken aneignen, die das Lesen effektiver machen. Durch die erhöhte Aufmerksamkeit und das bewußte Ausfiltern unnützer Informationen wird sich weniger Langeweile und mehr Interesse einstellen. Hierfür ist hohe Konzentration erforderlich.

Grundwissen

Je nachdem, weshalb Sie einen Text lesen, gibt es verschiedene Möglichkeiten:

– Orientierendes Lesen/Diagonallesen: Sie wollen nur den

Inhalt eines Textes wissen und überfliegen ihn deshalb, so schnell es geht. Danach sollten Sie zumindest folgende Fragen beantworten können: Worum geht es in dem Text, gibt es besonders interessante Gesichtspunkte, fehlen wichtige Teilaspekte, ist der Text für mich insgesamt wichtig oder unwichtig?

- Studierendes Lesen: Sie müssen zu einem bestimmten Thema ein Referat halten. Aus Fachzeitschriften und Büchern suchen Sie sich den Stoff zusammen. Da Sie eine ganz bestimmte Fragestellung haben, überschlagen Sie alles, was nicht zum Thema gehört, und lesen nur die Teile ganz genau, die Ihnen notwendige Informationen liefern.
- Selektierendes Lesen: Sie überfliegen in dem zu bearbeitenden Text alle für Sie uninteressanten, weil schon bekannten oder nicht verwertbaren Stellen und suchen nur das für Sie Verwertbare heraus. Treffen Sie dabei schnelle Entscheidungen über wichtig und unwichtig.

Beachte

Wenn Sie einen Text oder ein Buch ganz durcharbeiten müssen, lesen Sie aktiv. Markieren oder unterstreichen Sie Wichtiges im Text und fertigen Sie Textauszüge an.
Gehen Sie dabei etwa wie folgt vor:

1. Überfliegen Sie den Text.
2. Stellen Sie gezielte Fragen an den Text.
3. Lesen Sie den Text einmal ganz genau.
4. Fassen Sie den Text zusammen.
5. Wiederholen Sie den Inhalt.

Merke

Die Fähigkeit, in einem Text Wichtiges von Unwichtigem zu unterscheiden, bestimmte Informationen herauszufiltern und Nebensächliches unbeachtet zu lassen, erfordert schnelle Entscheidungen und erhöhte Konzentration. Sie können diese Technik mit den folgenden Konzentrationsübungen trainieren.

Übungen

6. Lesen Sie den folgenden Text. Setzen Sie unter den Buchstaben a, egal ob groß oder klein geschrieben, jeweils ein + und unter jedes u bzw. U ein x.

Es hatte ein Mann einen Esel, der schon lange Jahre die Säcke unverdrossen zur Mühle getragen hatte, dessen Kräfte aber nun zu Ende gingen, so daß er zur Arbeit immer untauglicher ward. Da dachte der Herr daran, ihn aus dem Futter zu schaffen, aber der Esel merkte, daß kein guter Wind wehte. Er lief fort und machte sich auf den Weg nach Bremen: Dort, meinte er, könnte er Stadtmusikant werden. Als er ein Weilchen fortgegangen war, fand er einen Jagdhund auf dem Wege liegen, der jappte wie einer, der sich müde gelaufen hat. „Nun, was jappst du so, Packan?“ fragte der Esel. „Ach“, sagte der Hund, „weil ich alt bin und jeden Tag schwächer werde, auch auf der Jagd nicht mehr fort kann, hat mich mein Herr wollen totschlagen, da hab ich Reißaus genommen; aber womit soll ich nun mein Brot verdienen?“ „Weißt du was“, sprach der Esel, „ich gehe nach Bremen und werde dort Stadtmusikant, geh mit und laß dich auch bei der Musik annehmen. Ich spiele die Laute, und du schlägst die Pauken.“ Der Hund war’s zufrieden, und sie gingen weiter. (Gebrüder Grimm, Die Bremer Stadtmusikanten)

Anzahl der +
Anzahl der x

7. Streichen Sie im folgenden Text alle e aus, klein und groß.

Wer durch Schwaben reist, der sollte nie vergessen, auch ein wenig in den Schwarzwald hineinzuschauen; nicht der Bäume wegen, obgleich man nicht überall solch unermeßliche Menge herrlich aufgeschossener Tannen findet, sondern wegen der Leute, die sich von den anderen Menschen ringsumher merkwürdig unterscheiden. Sie sind größer als gewöhnliche Menschen, breitschultrig, von starken Gliedern, und es ist, als ob der stärkende Duft, der morgens durch die Tannen strömt, ihnen von Jugend auf einen freieren Atem, ein klareres Auge und einen festeren, wenn auch rauheren Mut als den Bewohnern der Stromtäler und Ebenen gegeben hätte. Und nicht nur durch Haltung und Wuchs, auch durch ihre Sitten und Trachten sondern sie sich von den Leuten, die außerhalb des Waldes wohnen, streng ab. Am schönsten kleiden sich die Bewohner des badenschen Schwarzwaldes. (W. Hauff, Märchen)

8. Die vorangehende Übung können Sie mit anderen Texten, die nicht zu groß geschrieben sein sollten, beliebig wiederholen und variieren. Streichen Sie die Buchstaben aber nun nicht mehr an, sondern zählen Sie sie nur, ohne jedes Hilfsmittel. Am Anfang sollte der Text etwa zehn Zeilen umfassen, später können Sie die Länge auf bis zu 25 Zeilen erhöhen. Zählen Sie dann einen oder auch zwei bestimmte Buchstaben, die in diesem Text vorkommen, z. B. alle kleinen a und/oder o. Es macht nichts, wenn Sie bei mehreren Durchgängen zu unterschiedlichen Ergebnissen kommen, da die sorgfältige Suche Sinn dieser Konzentrationsübung ist.

9. Weitere Vorschläge für Übungen, die Sie jederzeit und überall ohne Vorbereitung durchführen können und die Ih-

re Konzentrationsfähigkeit sowie Ihre Lesetechnik verbessern werden. Für jede dieser Übungen planen Sie zehn bis 20 Minuten ein.

- Streichen Sie in einem Text Ihrer Wahl alle Hauptwörter an.
  Setzen Sie sich einen bestimmten Zeitrahmen und notieren Sie, wieviel Zeilen Sie in der vorgegebenen Zeit geschafft haben. An dieser Zahl können Sie ablesen, wie Sie durch häufiges Üben schneller werden.
- Streichen Sie alle Wörter an, die mit einem bestimmten Buchstaben beginnen.
- Markieren Sie alle Wörter mit zwei Silben, das nächste Mal mit drei Silben oder mehr.
- Zählen Sie möglichst schnell, wie viele Kommas oder Punkte ein Text von bestimmter Länge hat.
- Prüfen Sie, ob Sie außerdem den Sinn des jeweiligen Textes erfassen konnten.

10. In dieser Übung sehen Sie Dreierkombinationen von Buchstaben. Oben steht jeweils d oder b, in der Mitte t oder k und unten p oder g.
Streichen Sie jeweils die Kombination d durch.
t
p

d	d	b	d	b	d	d	b	d	b	d	b	d	b	d	d	b	d	b	d	d
t	k	t	t	k	t	k	t	k	k	t	t	k	t	k	t	k	t	t	k	t
p	g	p	g	p	g	p	g	g	p	g	p	g	p	g	p	g	p	g	p	g

d	b	d	d	b	d	b	d	b	b	d	b	d	b	d	b	b	d	d	b	b
t	k	t	k	t	t	k	t	t	k	k	t	k	t	k	t	k	t	k	t	k
p	g	p	g	p	g	g	p	p	g	p	g	p	g	p	g	g	p	g	p	p

d	b	d	b	d	b	d	d	d	b	b	b	d	d	b	b	d	b	d	b
t	k	t	t	t	k	t	t	k	k	t	k	t	k	t	t	k	t	k	t
p	g	p	g	p	g	g	p	g	g	p	p	g	p	g	p	g	p	p	p

11. Jetzt eine Konzentrationsübung, die Ihnen zeigt, welche Fortschritte Ihre Fähigkeit, konzentriert und sinnvoll zu lesen, bereits gemacht hat.
Nehmen Sie einen Text aus einer Fachzeitschrift, einem Fachbuch oder aus der Zeitung, der etwa eine Seite lang ist. Später wählen Sie zunehmend längere Artikel, um die Übung zu erschweren.
- Lesen Sie diesen Text aufmerksam, aber so schnell Sie

können. Sie sollten dafür nicht mehr als etwa fünf Minuten brauchen.

- Dann haben Sie 10 bis 15 Minuten Zeit, alles aufzuschreiben, was Sie aus diesem Artikel in Erinnerung behalten haben.
- Als nächstes versuchen Sie, den Inhalt in zwei oder drei kurzen, möglichst einprägsamen Sätzen schriftlich wiederzugeben. Dafür haben Sie etwa fünf Minuten Zeit.
- Lesen Sie den Text noch einmal genau und kontrollieren Sie, ob Sie auch nichts vergessen haben.

Wiederholen Sie diese Art Übung immer wieder, bis Sie das Gefühl haben, einen Textinhalt mit den wichtigsten Einzelheiten beim zügigen Lesen sicher erfassen zu können.

12. Sie können Ihre Konzentrationsfähigkeit auch mit der folgenden, ähnlichen Übung testen und trainieren:
Hören Sie sich im Radio oder sehen Sie sich im Fernsehen die Nachrichten an. Sind sie zu Ende, schalten Sie aus und versuchen sofort oder, um die Übung zu erschweren, nach einer Stunde alle Meldungen aufzuschreiben, die Sie behalten haben. Gut ist es, wenn Sie sich die Sendung zur Kontrolle auf Kassette oder Video aufgenommen haben.

Ernährung

Grundwissen

Müdigkeit und Abgespanntheit können auch durch die Art der Ernährung oder falsche Eßgewohnheiten ausgelöst werden. Denken Sie an den Satz: Ein voller Bauch studiert nicht gern! Nach einem guten Essen werden Sie niemals in der Lage sein, geistige Höchstleistungen zu vollbringen, da der Körper seine Energien für die Verdauungsarbeit benötigt. *Leichtverdauliche Kohlehydrate* erhöhen die Leistungsfähigkeit, *Eiweiß*, besonders in großen Mengen genossen, behindert sie. So sind Sie nach reichlichem Fleischgenuß weniger leistungsfähig, da die Verdauungsarbeit besonders schwer ist. Bemühen Sie sich generell um eine gesunde Ernährung mit viel frischem Obst und Gemüse. Auch ein ganz nüchterner Magen ist nicht oder nur kurz für geistige Leistungen geeignet. Die Gehirnzellen benötigen, um gut zu funktionieren, einen bestimmten Zuckergehalt im Blut, den der Körper aus kohlehydratreichen Lebensmitteln – z. B. Brot, Milch, Zucker – gewinnen kann. Achten Sie auch auf ausreichende *Vitaminzufuhr*, da Vitaminmangel die geistigen Fähigkeiten ebenso beeinträchtigen kann. Am besten sind über den Tag verteilt mehrere Mahlzeiten, wobei fünf kleine Mahlzeiten drei großen vorzuziehen sind. So werden Sie weder durch Hunger noch durch übermäßige Verdauungsprozesse gestört.

Bewegung

Merke

Versuchen Sie, sich ausreichend Bewegung zu verschaffen, um Müdigkeit und Abgespanntheit vorzubeugen. Gehen Sie, falls es möglich ist, zu Fuß zur Arbeit oder fahren Sie mit dem Fahrrad, nehmen Sie die Treppe, nicht den Fahrstuhl, gehen Sie öfter spazieren, treiben Sie in Ihrer Freizeit regelmäßig etwas Sport. Der Körper braucht Bewegung genauso wie Ihr Geist. Je mehr Sauerstoff in den Körper gepumpt wird, desto leistungsfähiger sind Sie. Das kommt auch Ihrer Konzentrationsfähigkeit zugute, da ein angespannt arbeitendes Gehirn große Mengen Sauerstoff benötigt.

Streß

Grundwissen

Wenn körperliches Unwohlsein, das Gefühl von *Abgespanntheit* und *Überforderung* mit den vielfältigsten Störungen von außen zusammentreffen, bedeutet das für viele Menschen Streß. Streß wiederum blockiert unser Denken. Angstgefühle und Versagensängste schleichen sich ein und blockieren die geistige Leistungsfähigkeit.

Streß ist im Grunde eine natürliche körperliche Reaktion auf äußere Einwirkungen, die Bedrohung und Gefahr signalisieren. Der Streßmechanismus im Körper bewirkt die Ausscheidung von Hormonen in den Nebennieren, die Blockaden im Gehirn verursachen. D. h. Informationen, die man aus dem Gedächtnis abrufen möchte, werden nicht weitergeleitet und bleiben hängen. Eine sinnvolle Einrichtung in Gefahrensituationen, die uns instinktiv, ohne langes Überlegen handeln läßt. Streßfaktoren verschiedenster Art war und ist der Mensch ständig ausgesetzt. Bis zu einem gewissen Umfang wirken sie positiv, treiben uns an und machen uns in gewisser Weise funktionsfähiger. Diese Ausprägung bezeichnet man auch als *Eustreß* (guter Streß), ein Zustand, der auf unser Befinden und auf unsere Leistungsfähigkeit anregend wirkt. So verbessert ein gewisser Druck, wie z. B. die Anspannung vor Prüfungen oder das sogenannte Lampenfieber, durchaus unsere Konzentration. Wird der Druck jedoch zu groß, dauert die Streßsituation zu lange oder ist sie zu stark, tritt das Gegenteil ein. Diese negative Ausprägung des Stresses heißt zur Unterscheidung *Disstreß*. Körperliche Beschwerden sowie eine seelische Dauerbelastung sind das Alarmsignal für diese Form des Stresses.

Merke

Im beruflichen Alltag tragen Faktoren wie Unübersichtlichkeit des Aufgabengebietes, Angst vor dem Versagen, Lärm, Reizüberflutung u. ä. dazu bei, Streß auszulösen.

Beachte

Die Gedanken sind blockiert, Sie können nicht mehr richtig denken, sich nicht mehr konzentrieren. Streß werden Sie niemals vermeiden können, daher gilt auch hier: Versuchen Sie, damit fertig zu werden, nutzen Sie ihn im positiven Sinn, nehmen Sie ihn als zusätzlichen Antrieb.

Merke

Das Gefühl der Überlastung ist eine der häufigsten Ursachen für Streß. Der Grund dafür liegt meist darin, daß wir unbewältigte Aufgaben vor uns herschieben, die sich dann mehr und mehr zu einem schier unüberwindlichen Berg vor uns auftürmen. Je größer dieser Berg wird, um so stärker wird die Angst, der Aufgabe nicht gewachsen zu sein, zu versagen. Panik und Streß stellen sich ein. Deshalb noch einmal der Ratschlag: Erledigen Sie gerade unangenehme Sachen möglichst sofort.

Wenn Sie Streß vermindern wollen, denken Sie auch an die weiter oben genannten Methoden zur *Arbeitsplanung*, die Ihnen helfen, Ihre Aufgaben richtig einzuteilen, Ihre Zeit sinnvoll zu planen. Haben Sie zu viele unerledigte Aufgaben vor sich und versuchen, alle oder zumindest mehrere auf einmal zu erledigen, werden Sie sich schnell überfordert fühlen. Zwei Aufgaben, die geistige Aktivität und Konzentration verlangen, gleichzeitig zu bewältigen, wird nur den wenigsten gelingen. Denken Sie daran, wie es Ihnen ergeht, wenn Sie fernsehen und dabei lesen. Weder den Text im Buch oder in der Zeitung noch die Sendung werden Sie wirklich aufnehmen und verstehen können. Deshalb erledigen Sie stets nur eine Sache auf einmal!

Beachte

Ein überquellender Schreibtisch ist kein Zeichen für einen schwer arbeitenden Menschen, sondern zeigt eher, daß eine ordentliche Arbeitseinteilung fehlt. Setzen Sie Prioritäten, wenn viele Aufgaben gleichzeitig auf Sie zukommen, lassen Sie weniger Wichtiges liegen. Wenn Ihnen die Arbeiten zugeteilt werden, prüfen Sie, wieweit Sie den Ansprüchen gerecht werden können, planen Sie, analysieren Sie das Problem und weisen Sie, wenn es Ihnen zuviel erscheint, bestimmte Dinge mit einer stichhaltigen Begründung zurück. Oder delegieren Sie, leiten Sie gewisse Arbeiten an andere weiter. Dann können Sie die restlichen Aufgaben konzentriert erledigen.

Haben Sie das Gefühl, Ihnen gelingt nichts mehr, dann führen Sie sich frühere Erfolge vor Augen. Daraus werden Sie Selbstvertrauen gewinnen, das Ihnen die Zuversicht für vor Ihnen liegende Aufgaben wiedergibt.

13. Betrachten Sie, während Sie z. B. auf den Bus warten, für einige Minuten die Auslagen eines Schaufensters und versuchen Sie, sich später alles Gesehene wieder ins Gedächtnis zu rufen. Oder sehen Sie sich eine der großen Reklametafeln, wie sie z. B. auf vielen S-Bahnhöfen stehen, während der Wartezeit genau an. Versuchen Sie auch hier, sich dieses Bild später wieder genau vor Augen zu führen.

14. Verfolgen Sie in der Zeichnung die Buchstaben des Alphabets in der richtigen Reihenfolge von A bis Z. Wenn Sie beim Buchstaben Z angelangt sind, gehen Sie rückwärts bis zum Buchstaben A. Bemühen Sie sich darum, möglichst schnell zu sein, um den Effekt der Übung zu verstärken.

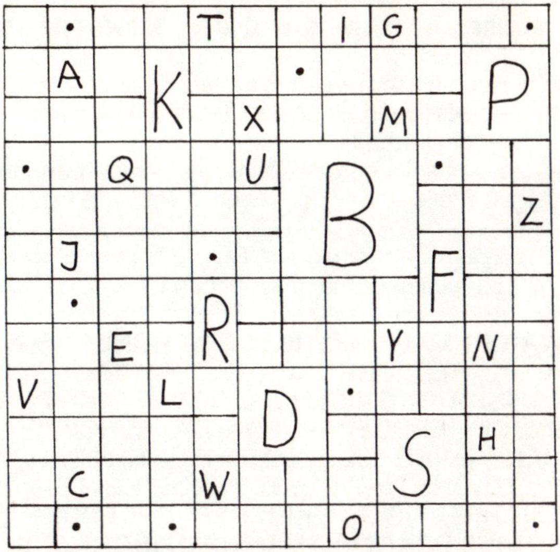

15. Lesen Sie bitte die folgende Anzeige sorgfältig durch und beantworten Sie dann die dazu gestellten Fragen.

MAMOTTA
Wir gehören zu einer internationalen Unternehmensgruppe mit Stammsitz in London, die im Bereich der Kunststoff- und Metallverarbeitung tätig ist.
In Deutschland soll der Bereich Beratung und Dienstleistung im Entsorgungs- und Umweltbereich verstärkt und erweitert werden.
Für den Vertrieb von Entsorgungsbehältern, Abfallbehältern sowie Sammlungssystemen für die Abfallwirtschaft suchen wir zum nächstmöglichen Termin Vertriebsrepräsentanten/in für den Raum Sachsen.

Sie haben eine technische Ausbildung und kaufmännisches Verständnis und besitzen gute Englischkenntnisse. Erfahrungen auf dem Gebiet der Abfallwirtschaft sind von Vorteil. Neben fachlichem Können sind Ihre wichtigsten Eigenschaften: Überzeugungskraft, Selbständigkeit und Freude am Umgang mit Menschen. Sie werden in Ihr neues Aufgabengebiet gut eingearbeitet.
Neben einem leistungsbezogenen Gehalt steht Ihnen ein Dienstwagen zur Verfügung, den Sie auch privat nutzen können.

Decken Sie den Text nun ab und beantworten Sie folgende Fragen: Auf welchem Gebiet arbeitet die Firma Mamotta hauptsächlich?
Wo hat sie ihren Stammsitz?
Für welches Bundesland wird der Vertriebsrepräsentant gesucht?
Welche Kenntnisse werden erwartet?
Welche persönlichen Eigenschaften sind gefordert?
Was bietet die Firma?
Üben Sie mit solchen oder ähnlichen Fragen anhand von beliebigen Stellenanzeigen aus der Tageszeitung.

16. Lesen Sie den folgenden Text, der ohne Satzzeichen und Wortzwischenräume geschrieben ist.

ESWAREINMALEINJUNGEERWARUNGEFÄHRVIER
ZEHNJAHREALTGROßUNDGUTGEWACHSENUND
FLACHSHAARIGVIELNÜTZWARERNICHTAMLIEB
STENSCHLIEFODERAßERUNDSEINGRÖßTESVERG
NÜGENWARIRGENDETWASANZUSTELLENESWARA
NEINEMSONNTAGMORGENUNDDIEELTERNMACH
TENSICHFERTIGINDIEKIRCHEZUGEHENDERJUNGE
SAßINHEMDSÄRMELNAUFDEMTISCHRANDEUND
DACHTEWIEGÜNSTIGDASSEIDAßVATERUNDMUT
TERFORTGINGENUNDEREINPAARSTUNDENLANG
TUNKÖNNEWASIHMBELIEBEJETZTKANNICHVATERS
FLINTENEHMENUNDSCHIEßENOHNEDAßESMIRJE
MANDVERBIETETSAGTEERZUSICHABERESWARFA
STALSHABEDERVATERDIEGEDANKENSEINESSOH
NESERRATENDENNALSERSCHONAUFDERSCHWEL
LESTANDUMHINAUSZUGEHENHIELTERINNEUND
WENDETESICHZUIHM(SELMALAGERLÖFNILSHOL
GERSSON)

17. Unterstreichen Sie im folgenden Text die Buchstaben b, r und z.

jurhl keuöluö kliet, hzte bhbt jnvbel zfhwtf khjlwoitr awbejt bb ijrzjc öleiut mnfgt ztdg rrsrtb rmdh uahel ztelst ölhirl twreuzre bbrrsz ekjtzsa unbdsgfw eunbazb rrese duröürtjdt deutrrtkd uzekduze dkuepaje ekutrlwiu rbeste bztue fielwfue keujwlcnbe kekklllmenn rhtlsit eisuze bb tzwlti zwewogh kebz nbvmm eelw ikhld ydswkf bvvew rtstuze eilwigv eiksao gkakt deibbbb

Störungen von außen

Grundwissen

Auch wenn Sie sich vorgenommen haben, sich nur mit einer Sache konzentriert zu beschäftigen, werden Sie aufgrund der heutigen Informationsdichte und der ständigen Abrufbarkeit durch ein ausgedehntes Kommunikationsnetz oft in Ihrer Arbeit unterbrochen werden. Konzentriertes Arbeiten setzt daher auch die Fähigkeit voraus, schnell umzuschalten, die Gedanken rasch von einer auf die andere Sache zu lenken. Sitzen Sie z. B. über der Lösung eines Problems und werden durch einen Mitarbeiter unterbrochen, dessen Anfrage sofort nachgegangen werden muß, sollten Sie in der Lage sein, Ihre Arbeit beiseitezulegen und sich genauso konzentriert dem neuen Problem zuzuwenden. Das wird Ihnen nicht schwerfallen, wenn Sie an einer eher theoretischen und wenig interessanten Aufgabe saßen und sich nun einem wesentlich ansprechenderen Thema widmen müssen.

Beispiel

Umgekehrt werden Sie sehr viel Energie benötigen, wenn Sie von einem eher lebendigen und interessanten Vorgang zu einem mehr abstrakten Problem wechseln sollen. Beachten Sie dabei generell folgende Regel: Konzentrieren Sie sich weniger darauf, die unterbrochene Tätigkeit beiseitezuschieben, statt dessen richten Sie schnellstmöglich Ihre volle Konzentration auf die neue Aufgabe. Auch dieses Umschalten läßt sich speziell trainieren. Lesen Sie z. B. einmal zwei Bücher zu völlig verschiedenen Themen parallel, d. h. die erste Seite aus einem Buch, dann die erste aus dem anderen und so fort. Gelingt es Ihnen, den Inhalt beider Bücher aufzunehmen? Ansonsten wird bereits Ihr Alltag, wenn Sie wirklich konzentriert an jede Tätigkeit herangehen, ein ständiges Training für diese Fertigkeit sein.

Beachte

Betrachten Sie nun als nächstes Ihren Arbeitstag einmal genau: Wieviel wirklich ungestörte Zeit bleibt Ihnen zum konzentrierten Arbeiten? Die Störungen sind vielfältig und je nach persönlicher Situation unterschiedlich. Ein Großraumbüro hat einen anderen Lärm- und Unruhepegel als ein kleines Büro, ein Vorzimmer mit Telefonanlage bietet weniger Ruhe zum ungestörten Arbeiten als das Chefzimmer. Um mit den unterschiedlichen Ursachen, die Ihre Konzentration stören, fertig zu werden, sie entweder zu akzeptieren, in gewisse Bahnen zu lenken oder auszuschalten, müssen Sie sich ihre Qualität und Quantität vor Augen führen.

Aufgabe

Erstellen Sie daher als erstes für Ihre persönliche Situation eine Art „Störprotokoll", indem Sie einmal an einem oder besser noch an mehreren ganz normalen Arbeitstagen aufschreiben, welche Arten der Störung, wann und in welcher Intensität zu verzeichnen waren (s. folgende Seite).

Auf diese Weise erkennen Sie die häufigsten Störfaktoren und können nunmehr die Zeiten bestimmen, an denen es am ruhigsten ist. Diese Stunden werden Sie in Zukunft für Tätigkeiten reservieren, an denen Sie besonders konzentriert und über eine längere Zeit hinweg arbeiten müssen.

Für den Umgang mit den häufigsten Arten der Störung, die Sie sicherlich auch in Ihrer persönlichen Aufzeichnung finden werden, ein paar Ratschläge, damit sie Ihre Konzentration möglichst wenig beeinflussen können.

Telefon

Das Telefon ist mit Sicherheit der häufigste und unangenehmste Störfaktor. Sein Klingeln reißt Sie abrupt aus jeder Tätigkeit.

Das erste Mittel, hier lenkend einzugreifen, ist, Gespräche zu bestimmten Zeiten einfach nicht zuzulassen, d. h. sie nicht anzunehmen oder Mitarbeiter oder Kollegen zu bitten, die Gespräche für Sie zu notieren.

Gibt es keine Möglichkeit, das Telefon zumindest zeitweise ganz abzustellen, sollten Sie folgende Regeln einhalten:

Merke

Bringen Sie die Arbeit, an der Sie gerade sitzen, zu einem vorläufigen Abschluß, soweit das möglich ist.

Führen Sie den letzten Gedanken zu Ende und machen Sie sich für später eine Notiz, wie Sie weiter vorgehen wollen.

Klären Sie, wie wichtig der Telefonanruf ist und wieviel Zeit er in Anspruch nehmen wird. Ist es möglich, die Sache sofort und kurz zu klären, dann sollten Sie das tun.

Ist die Angelegenheit nicht gleich zu regeln, bitten Sie um Rückruf.

Bevor Sie nach Beendigung des Telefongesprächs an Ihre ursprüngliche Arbeit zurückkehren, bringen Sie die am Telefon besprochene Sache zu einem befriedigenden Ende. Machen Sie sich Notizen, planen Sie den Rückruftermin ein oder erledigen Sie andere damit verbundene Dinge.

Erst wenn alle mit dem Telefonanruf zusammenhängenden Tätigkeiten abgewickelt sind, können Sie Ihre Gedanken wieder davon abziehen und sich erneut vollständig auf die vorher unterbrochene Arbeit konzentrieren.

Zeit	Besucher	Telefon	Lärm	Radio	Termine/ Besprechungen	Sonstiges
von - bis		Anzahl Anrufe	innen außen			

Besucher

Merke

Versuchen Sie auch bei unangemeldeten Besuchern, Kollegen und Kunden ähnlich wie beim Telefon lenkend einzugreifen. Geben Sie bestimmte Zeiten vor, in denen Sie für Gespräche, Besprechungen usw. bereit sind. Oder legen Sie umgekehrt Stunden fest, in denen Sie keinesfalls gestört werden möchten. Läßt sich eine solche Regelung nicht treffen, sollten Sie die Störung eingrenzen und entweder die Angelegenheit sofort möglichst kurz abhandeln oder einen anderen Termin vereinbaren, an dem Sie sich genügend Zeit für den Besucher nehmen können.

Beachte

Machen Sie sich, wenn Sie unterbrochen werden, zumindest immer eine kurze Notiz, in der Sie stichwortartig Ihre Gedanken festhalten, damit Sie sich ohne großen Zeitverlust wieder auf die unterbrochene Arbeit konzentrieren können.
Ähnlich sollten Sie auch verfahren, wenn Sie in einem Vortrag durch Zwischenfragen gestört werden. Halten Sie Ihren letzten oder den anschließenden Gedanken kurz fest. Während Sie das tun, lassen Sie die Frage ruhig wiederholen. Dann bleibt Ihnen außerdem genügend Zeit, Ihre Gedanken zu sammeln und auf den Einwand einzugehen. Ist die Frage geklärt, können Sie anhand Ihrer Notiz an Ihren letzten Gedankengang lückenlos anschließen.

Lärm

Grundwissen

Ein weiterer häufig auftretender Störfaktor ist Lärm, gleich welcher Art: Straßenlärm, Maschinenlärm, Lärm von Baustellen in der Nähe, Unterhaltung von Kollegen/innen, Musik, Radio u. ä. Mit einem bestimmten Lärmpegel arbeiten zu müssen ist besonders anstrengend, was an einem steigenden Sauerstoffverbrauch abzulesen ist. Lärm reduziert Ihre Leistungsfähigkeit, da wegen des höheren Energieaufwandes die Konzentration schneller nachläßt. Im Extremfall kann Lärm sogar krank machen.

Die meisten Probleme bereiten die Geräusche, die von außen ins Büro dringen, da sie normalerweise weder zu beeinflussen sind, noch abgestellt werden können. Ein Wechsel des Arbeitsraumes in einen ruhigeren Teil des Gebäudes wird in den wenigsten Fällen möglich sein. Manchmal können bauliche Maßnahmen wie der Einbau von Doppelfenstern die Lage etwas verbessern. Abgesehen davon, werden Sie jedoch auf solche Außengeräusche meist nicht einwirken können, Sie müssen also eine Form finden, mit Ihnen umzugehen.

Merke

Entweder setzen Sie sich aktiv mit dem Lärm auseinander, klären seine Herkunft, beobachten, wann er besonders stark ist oder zeitweise nachläßt, und richten sich danach ein. Oder aber Sie finden sich ohne weitere Nachforschungen damit ab.
Akzeptieren Sie den Lärm! Das heißt, lassen Sie sich von ihm nicht weiter ärgern, verschwenden Sie keinen Gedanken mehr an ihn. Sagen Sie sich einfach: Der Lärm ist da, aber ich höre ihn nicht mehr.
Ist es ein Gespräch unter Kollegen oder ein Telefongespräch, das Sie von Ihrem Tun ablenkt, müssen Sie ganz bewußt jedes Interesse an dem Gesprochenen leugnen und nicht hinhören. Das erfordert mehr Selbstdisziplin, da diese Ausprägung von Lärm Ihre Gefühle anspricht und Ihre Neugier weckt. Bemühen Sie sich dennoch, Ihre Umgebung wieder auszublenden, und lenken Sie alle Ihre Gedanken nur auf die vor Ihnen liegende Arbeit.

Hintergrundmusik

Besonders problematisch, weil umstritten, ist das laufende Radio am Arbeitsplatz, das stets für Hintergrundmusik sorgt. Viele Menschen behaupten, mit Musik besser arbeiten zu können, empfinden sie als Anregung. Andere fühlen sich gestört und abgelenkt und können sich nicht mehr richtig konzentrieren.
Je nach Lautstärke der Musik und nach der Art der zu erledigenden Arbeit wird diese Art von Lärm unterschiedlich zu beurteilen sein. Bei leiser Hintergrundmusik werden die meisten durchaus in der Lage sein, leichtere Tätigkeiten oder Routinearbeiten durchzuführen. Müssen Sie sich aber auf eine Arbeit voll konzentrieren, wird Musik Sie unweigerlich ablenken. Ihre Gedanken und Sinne sind zumindest teilweise auf das gerichtet, was Sie im Radio hören, ganz besonders, wenn zusätzlich Wortbeiträge die Musik unterbrechen.
Am besten ist es daher, sich mit den Kollegen abzusprechen und eine Regelung zu finden, die allen Seiten gerecht wird, indem man sich z. B. auf gewisse Stunden absoluter Ruhe einigt.

Und nun wieder ein allgemeiner Übungsteil:

Übungen

18. Streichen Sie jeweils in der zweiten Reihe die Zeichen an, die sich von denen in der ersten Reihe unterscheiden.

? / %)   § _ ä *   ; ! 1 #   = + $ &   0 ä ‘ (+ * # “

$ / §)   § - ü *   ; ! 1 %   = # § &   0 ö ‘)   + * $ “

§ & % $ ä # ß 1   * ? ! %   ; - = (( ) ? #   3 § / :

$ & % $ ä % ß /   “ ? / %   , - +)   ) (? #   8 $ / :

19. Suchen Sie unter den folgenden Begriffen alle Wörter heraus, die doppelt vorkommen.

Aktenordner – Briefmarke – Arbeitszimmer – Besprechung – Schreibtisch – Vortrag – Parkplatz – Fahrstuhl – Terminkalender – Hochhaus – Portier – Schreibmaschine – Tiefgarage – Postwertzeichen – Arbeitsessen – Besprechung – Mitarbeiter – Aktenordner – Maschinenhaus – Betriebsklima – Fahrstuhl – Terminkalender – Farbband – Schreibmaschine – Bildschirmtext – Bürostuhl – Zeichenbrett – Telefonzentrale – Werkzeug – Arbeitszimmer – Tiefgarage – Treppenhaus – Kantine – Briefmarke – Mittagstisch

20. Zeichnen Sie die folgende Linie einmal mit der rechten Hand – beginnend am linken Blattrand – und einmal mit der linken Hand – beginnend am rechten Blattrand – spiegelbildlich nach.

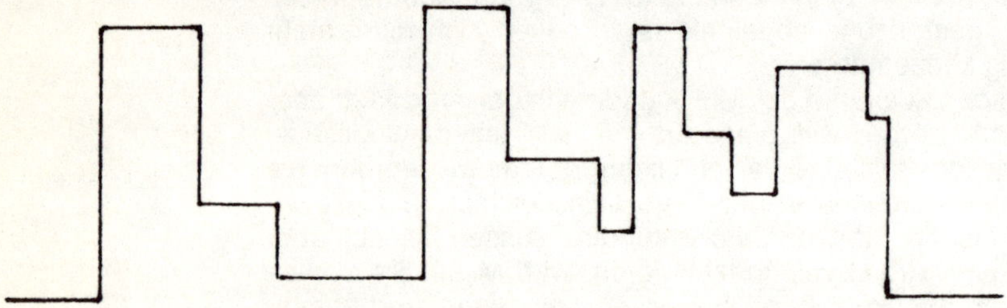

21. Eine andere Übung, die Ihre Konzentration auf ebenso intensive Art und Weise trainiert, ist das Abschreiben eines beliebigen Textes mit der linken Hand und in Spiegelschrift, nicht in Druckschrift, sondern in Ihrer normalen Handschrift mit zusammenhängenden Buchstaben. Das wird Ihnen am Anfang außerordentlich schwerfallen, doch nach einigen Sätzen werden Sie bereits Fortschritte bemerken. Nach etwa zwei Seiten (DIN A 4) werden Sie flüssig und ohne Nachdenken spiegelbildlich schreiben können.

22. Im folgenden Rechteck sind die Namen von 15 Blumen versteckt. Die Worte können senkrecht, waagerecht oder diagonal und in beide Richtungen geschrieben sein.

X	U	D	K	I	N	D	A	B	L	K	S
E	F	A	G	E	L	O	I	D	A	L	G
L	P	H	Q	N	X	A	N	I	M	X	Z
F	U	L	N	A	R	Z	I	S	S	E	T
K	S	I	G	I	O	N	B	U	R	K	X
C	R	E	H	Z	S	T	R	Z	A	L	E
R	U	O	V	N	E	I	Y	O	W	E	M
S	E	U	K	E	X	R	V	S	U	N	G
H	T	C	Z	U	M	E	K	N	E	L	Y
B	I	A	C	H	S	T	G	I	N	P	R
P	R	I	M	E	L	S	N	G	C	S	H
O	E	S	W	U	M	A	L	I	L	I	E
T	G	X	V	Q	R	U	W	A	B	R	D
F	R	I	L	E	J	K	T	M	O	I	P
R	A	T	G	U	N	W	U	X	Z	A	D
I	M	K	A	F	A	J	L	Z	U	M	L
C	H	R	T	U	V	X	P	B	D	W	O
A	V	E	I	L	C	H	E	N	C	X	A
N	L	U	A	F	W	E	G	M	I	K	V

23. Prägen Sie sich die folgenden Telefonnummern mit Vorwahl durch mehrfaches Lesen ein. Verdecken Sie die Nummern und finden Sie aus der folgenden Aufstellung unter vier ähnlichen Zahlen jeweils die richtige heraus.

030/14513
073/21758
06142/839120
08145/377446
03031/200561
07413/365679

030/15423
030/14513
030/14413
030/15431

073/21785
073/27158
073/21758
073/25178

06142/831920
06143/839120
06142/839120
06124/831920

08145/377546
08145/377746
08145/377446
08146/377446

03031/200561
03031/200651
03031/205061
03031/200562

07413/365678
07413/365679
07413/355679
07413/365687

Arbeitsumgebung

Grundwissen

Weitere äußere Faktoren, die Ihre Konzentrationsfähigkeit positiv oder negativ beeinflussen können, sind die optischen Reize Ihrer Arbeitsumgebung. Nichts darf hier zu auffällig, zu unruhig sein, damit Ihre Gedanken keine Möglichkeit zum Abschweifen finden. Das ideale Büro ist in einer hellen Farbe gestrichen oder mit einer dezenten Tapete ausgestattet. Bilder sind erlaubt, doch sollten es nicht zu viele sein, damit Ihre Augen nicht unruhig von einem zum anderen wandern können. Ein oder zwei Bilder, die vielleicht noch dazu geeignet sind, die Augen darauf ruhen zu lassen, um sich zu entspannen, sind ausreichend. Um Abwechslung zu haben, tauschen Sie diese lieber in regelmäßigen Abständen aus. Der Arbeitsraum sollte insgesamt hell und freundlich sein, starke Farben und Kontraste sind zu vermeiden.

Licht

Licht muß ausreichend vorhanden sein, entweder durch genügend Fenster, die für natürliche Helligkeit sorgen, oder durch künstliche Beleuchtungskörper. Bei der Lichtquelle am Arbeitsplatz, hier ist eine 60-Watt-Birne ausreichend, ist darauf zu achten, daß sie der Rechtshänder links von sich, der Linkshänder rechts von sich stehen hat.

Raumklima

Neben dem Licht spielt das Raumklima eine wichtige Rolle. Überhitzte Räume führen schnell zur Ermüdung, ist es zu kalt, braucht der Körper alle Energien, um sich warm zu halten. Die beste Temperatur für Arbeitsräume liegt bei 18 bis 20 Grad. Besonders wichtig ist außerdem eine gute Belüftung. Das Gehirn ist das Organ mit dem größten Bedarf an Sauerstoff. Bei Sauerstoffmangel läßt die Konzentration sofort nach. Gerade bei konzentrierter Arbeit benötigt Ihr Gehirn sogar etwa 15 Prozent mehr Sauerstoff als bei normaler Tätigkeit. Lüften Sie daher regelmäßig Ihre Arbeitsräume und bemühen Sie sich um viel Bewegung in frischer Luft.

Einrichtung

Auch die Möbel in Ihrem Büro sollten sich ihrem Zweck unterordnen, sollten schlicht und praktisch sein. Erscheint Ihnen Ihr Arbeitsraum zu klein, überlegen Sie, ob eine andere Anordnung der Möbel Abhilfe schaffen kann. Oft hilft eine kleine Veränderung, den Eindruck zu verbessern. Wichtig ist, daß sowohl Arbeitsplatz wie Sitzmöbel Ihren Bedürfnissen und denen Ihres Körpers gerecht werden. D. h. der Schreibtisch muß eine ausreichend große Arbeitsfläche haben, Ihr Schreibtischstuhl sollte so verstellbar sein, daß

Ihre Arbeitshaltung gesund und bequem ist. So kann man vorzeitigem Ermüden und Kreuzschmerzen vorbeugen.

Arbeitsplatz

Bei vielen der bisher angesprochenen Punkte müssen Sie sich mit den Gegebenheiten abfinden und das Beste daraus machen. Die Gestaltung Ihres eigenen Arbeitsplatzes aber ist Ihnen ganz allein überlassen.

Beachte

Eine gewisse Ordnung auf Ihrem Schreibtisch ist eine wichtige Voraussetzung für konzentriertes Arbeiten. Räumen Sie also alles weg, was für die momentane Tätigkeit nicht gebraucht wird. Fällt Ihr Blick nämlich immer wieder auf Dinge, die mit der gerade zu erledigenden Aufgabe nichts zu tun haben, werden Ihre Gedanken leicht abschweifen. Ihre Konzentration wird gestört. Legen Sie sich zu Beginn parat, was Sie für die Arbeit an Unterlagen, Arbeitspapieren usw. brauchen, damit Sie nicht unterbrechen müssen, um irgend etwas zu suchen. Richten Sie sich Ihre Arbeitsmittel, wie Schreibutensilien, Papier oder was Sie sonst noch brauchen, her und legen Sie sie in erreichbare Nähe. Um eine solche arbeitsfördernde Ordnung herzustellen, ist es notwendig – wie oben bereits beschrieben –, sich erst einmal über die anstehende Aufgabe Gedanken zu machen. Sie müssen geklärt haben, was zu tun ist, welche Unterlagen wichtig sind und welche Arbeitsmittel oder Werkzeuge Sie voraussichtlich brauchen werden.

Wenn diese äußeren Faktoren stimmen, bilden sie eine solide Basis für eine gute Konzentration am Arbeitsplatz.

Übungen

Trainieren Sie zum Schluß noch einmal mit unterschiedlichen, Ihnen grundsätzlich schon bekannten Übungen Ihre Konzentrationsfähigkeit und prüfen Sie, welche Fortschritte Sie bereits gemacht haben.

24. Unterstreichen Sie im folgenden Text die Buchstaben u und w und die Zahlen 1 und 6:

unfekniu638mal r8l5471lformnvwvwbcxdwe437 udnbwvw-
tud 186976ng hezhopsül8 4513hd6532hgd lki9nbc1wfnur
7vysqe 5kgmniogkei87 4814isiekmitwv 6371md6k8aske 7
fsjf7ek1tkw l6 djaulw ds8re75389ls 98sdln s89wlkhds 6w
öwanyvcwa 651 wolkykqauklqzw72101a d0asa9edirn6 fu-
ruawz613aa bio5l85öl 239mnwv d6eas8 msaölküavx1
caqreivcuie7jd6 mueistiuyvwa

25. Betrachten Sie das folgende Bild genau und prägen Sie sich die Lage der Kreise und Dreiecke genau ein. Prüfen Sie, ob eine bestimmte Systematik dahintersteht, und

versuchen Sie dann, die Symbole in dem Quadrat (das im anschließenden Lösungsteil steht) in gleicher Anordnung wiederzugeben.

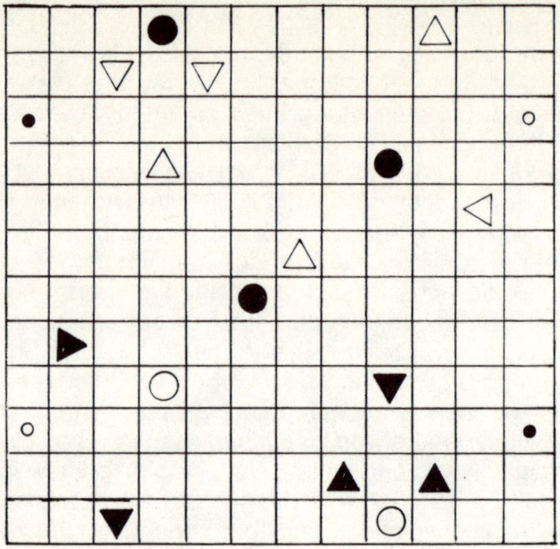

26. Schauen Sie sich für eine Minute konzentriert Ihre Schreibtischoberfläche mit allem, was darauf liegt, an. Schließen Sie dann die Augen und versuchen Sie, zuerst in Gedanken, dann mit einer Zeichnung alles, was Sie gesehen haben, wiederzugeben, auch wo und wie die Gegenstände zueinander liegen.

27. Die Telefonkabel haben sich verwickelt. Verfolgen Sie die Linien nur mit Ihren Augen und stellen Sie fest, wer mit wem telefoniert.

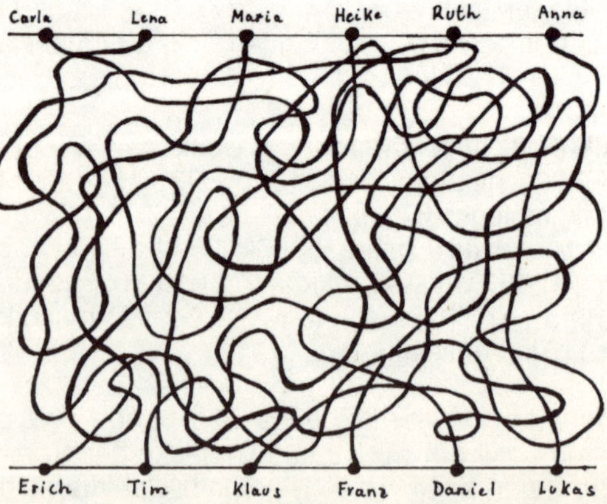

28. Wenn Sie sich eine Wegstrecke merken wollen, behalten Sie markante Punkte im Gedächtnis, an denen Sie sich orientieren können. Weiter unten finden Sie 20 Begriffe, die Anhaltspunkte einer gedachten Wegstrecke sind und die Sie in der richtigen Reihenfolge sowohl vorwärts wie auch rückwärts abrufen können sollen.
Um sich die Fahrroute besser zu merken, stellen Sie sich Bilder vor. Sie werden sehen, daß Sie anschließend alle markanten Punkte vorwärts und rückwärts nennen können. Diese Technik ermöglicht es Ihnen, sich unbekannte Wegstrecken in jeder Länge zu merken und aus dem Gedächtnis abzufahren oder abzugehen.

Ruine – Allee – Steinbrücke – Polizeistation – Eisstadion – Freibad – Park – Kreuzung – Wohnsiedlung – Einbahnstraße – Kirche – Krankenhaus – Überführung – Autobahn – Fußballplatz – Fluß – Gewerbegebiet – Bücherei – alte Linde – Hotel
Beginnen Sie zum Beispiel folgendermaßen:
Von der Ruine führt eine Allee über die Steinbrücke zur Polizeistation ...

29. Unterstreichen Sie im folgenden jeweils die Buchstabenkombination nm:

urekinmkdiuenxbwznwtrmhbvemnopszastwkfueknmqlön
mofkeiudnmjmneiumdmendnmhqnmmhenzenmkemnzeut
idjülvnmygezyxngnemnmmenuenzmnmnhewnmnmhbm
nhmnmmnhmnhhezhewunmjuejdnuzemnjmnmnjmujkuren
arehmnmnumnumnhnmhmmnmnmnmnhmnhnmnbm
nhmmnnmnmnhmjhmhhnbdmhmhenmnmnmnmjnhmhmn
hgjhhgemhnmhnmhnmnmnmnmnjhmnmnm

30. Zählen Sie, wie viele große, mittlere und kleine Rechtecke im folgenden Bild zu sehen sind. Sie haben zehn Sekunden Zeit.

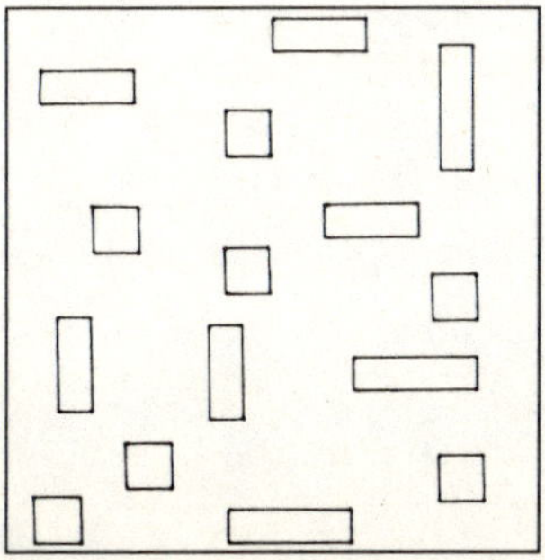

31. Finden Sie die Unstimmigkeiten bei den folgenden Zahlenpaaren:

345897	863525	218939	657398
345397	868525	278939	657388
275416	996619	230548	431093
275476	966619	280548	431083
775217	864239	654026	523492
715217	865239	954026	528492
786431	651980	235709	335268
789431	651880	285709	335248

Lösungen:

Übung 4: 67
Übung 6 : 63 +
38 x
Übung 19: Besprechung, Schreibmaschine, Terminkalender,
Fahrstuhl, Arbeitszimmer, Tiefgarage, Briefmarke, Aktenordner
Übung 22:

		D									
		A		E	L	O	I	D	A	L	G
		H		N							
		L	N	A	R	Z	I	S	S	E	
K		I		I	O					K	
	R	E		Z	S					L	
		O		N	E					E	
	E		K	E		R				N	
	T			U		E			E		
	I				S	T		I			
P	R	I	M	E	L	S	N			S	
	E					A	L	I	L	I	E
	G				R					R	
	R			E			T			I	
	A		G				U				
	M						L				
							P				
	V	E	I	L	C	H	E	N			

Übung 25:

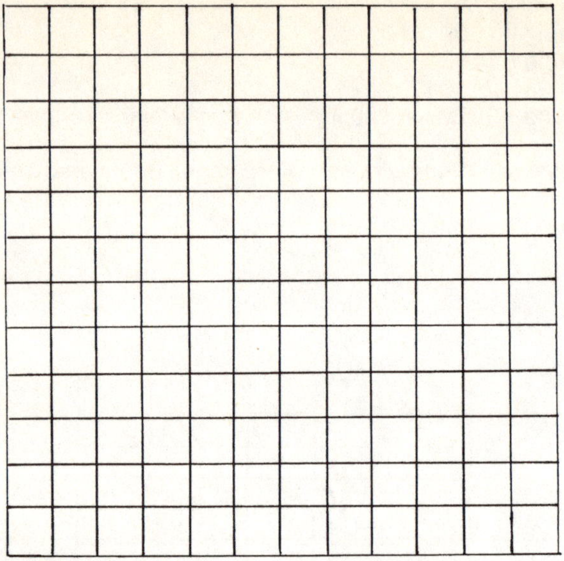

Übung 27:

Carla – Daniel	Heike – Franz
Lena – Erich	Ruth – Klaus
Maria – Lukas	Anna – Tim

Übung 28: Lösungsvorschlag: Ein paar Straßen von der Polizeistation entfernt liegt das städtische Eisstadion und gleich daneben das Freibad. Ein großer Park umgibt dieses Gelände, an der ersten Kreuzung biegt man in die Wohnsiedlung ab. Man folgt der Einbahnstraße bis zur Kirche, fährt am Krankenhaus vorbei, und eine Überführung leitet über die Autobahn hinüber. Auf der anderen Seite liegt der Fußballplatz direkt am Fluß. Im anschließenden Gewerbegebiet findet man auch die Bücherei und direkt neben der alten Linde ein Hotel.

Übung 30: 3 große Rechtecke
5 mittlere Rechtecke
7 kleine Rechtecke

4. Merksätze

Prüfen Sie nun am Ende dieses Buches, wie konzentriert Sie es wirklich gelesen und durchgearbeitet haben. Versuchen Sie etwa 20 bis 25 Ratschläge oder Regeln zur Erhaltung oder Verbesserung Ihrer Konzentrationsfähigkeit zu formulieren. Nehmen Sie als kleine Hilfe das Inhaltsverzeichnis, das Ihnen eine Art Grundgerüst liefert. Schreiben Sie sich Ihre Merksätze auf ein großes Blatt Papier, das Sie sich z. B. an Ihren Arbeitsplatz legen oder hängen. So werden Sie stets an die wichtigsten Punkte erinnert. Bereits das Formulieren dieser Regeln wird viel Konzentration erfordern, die Wiederholung des Gelernten wird außerdem Ihr Wissen festigen. Vergleichen Sie zuletzt Ihren Vorschlag mit den folgenden Merksätzen.

1. Sammeln Sie alle Ihre Gedanken auf die vor Ihnen liegende Arbeit. Lassen Sie sich nicht ablenken!
2. Erledigen Sie immer nur eine Aufgabe auf einmal.
3. Denken Sie daran, daß man Konzentration trainieren kann, nicht nur durch spezielle Übungen, sondern auch, indem man selbst die alltäglichsten Tätigkeiten voll konzentriert ausführt.
4. Konzentriertes Arbeiten spart Fehler und damit Zeit! Ihre Leistungsfähigkeit steigt.
5. Trainieren Sie Ihre Vorstellungskraft, spielen Sie in Gedanken Situationen und Vorgänge durch. So kommen Sie in ähnlichen Situationen leichter und schneller zu richtigen Lösungen.
6. Ihre Aufmerksamkeit wird größer, je mehr Sinne Sie einschalten. Um so besser können Sie sich auch konzentrieren.
7. Trainieren Sie Ihr Gedächtnis, um seine Kapazitäten besser auszunutzen. Denken Sie daran, daß Ihre geistigen Fähigkeiten ohne Übung abnehmen.
8. Gewinnen Sie Freude an Ihrer Arbeit, motivieren Sie sich durch positive Anreize.
9. Versuchen Sie stets, für das, was Sie tun, Interesse aufzubringen.
10. Sorgfalt und Ausdauer fördern die Konzentration.
11. Seien Sie stets aufnahmebereit. Schulen Sie Ihre Sinne, nehmen Sie bewußter wahr!
12. Beobachten Sie sich und Ihre Arbeitsweise. Erkennen Sie Ihre Schwächen und arbeiten Sie an ihnen. Nutzen Sie Ihre Stärken.
13. Berücksichtigen Sie Ihren persönlichen Lebensrhythmus.

14. Beachten Sie bei Ihrer Arbeitsplanung Leistungshochs und -tiefs. Versuchen Sie nicht, gegen den natürlichen Rhythmus Ihres Körpers zu arbeiten.
15. Teilen Sie Ihre Arbeitszeit so ein, daß Sie sie optimal nutzen. Planen Sie Pausen ein, erledigen Sie Routinearbeiten in Zeiten Ihres Leistungstiefs.
16. Entspannen Sie sich vor und nach konzentrierter Arbeit. Nur im richtigen Wechsel zwischen Spannung und Entspannung können Sie geistige Höchstleistungen vollbringen.
17. Setzen Sie sich Ziele und planen Sie die Wege, auf denen Sie sie erreichen wollen.
18. Planen Sie jeden Tag sorgfältig. Führen Sie einen Terminkalender. Teilen Sie sich Ihre Zeit und Ihre Kräfte möglichst effektiv ein.
19. Setzen Sie Prioritäten. Erledigen Sie Wichtiges zuerst, schieben Sie unangenehme Aufgaben nicht vor sich her.
20. Denken Sie positiv. Haben Sie Selbstvertrauen und zweifeln Sie nicht an Ihren Fähigkeiten.
21. Lassen Sie persönliche Sorgen und Ärger nicht überhandnehmen. Lenken Sie Ihre Gefühle in Bahnen.
22. Halten Sie jeden Gedanken, der Ihnen durch den Kopf geht und nichts mit Ihrer momentanen Arbeit zu tun hat, schriftlich fest.
23. Versuchen Sie, Störungen von außen durch gewisse Regeln in den Griff zu bekommen.
24. Schließen Sie jede Arbeit zumindest mit der Notiz eines Stichwortes ab, bevor Sie auf etwas Neues eingehen.
25. Achten Sie darauf, daß Ihre Arbeitsumgebung Ihre Konzentration nicht stören kann. Ihr Arbeitszimmer ist hell, gut belüftet und weder zu warm noch zu kalt. Ihre Büromöbel sind funktional, Ihr Schreibtisch groß genug und gut organisiert.